U0672375

让我们 甲骨文 一起追寻

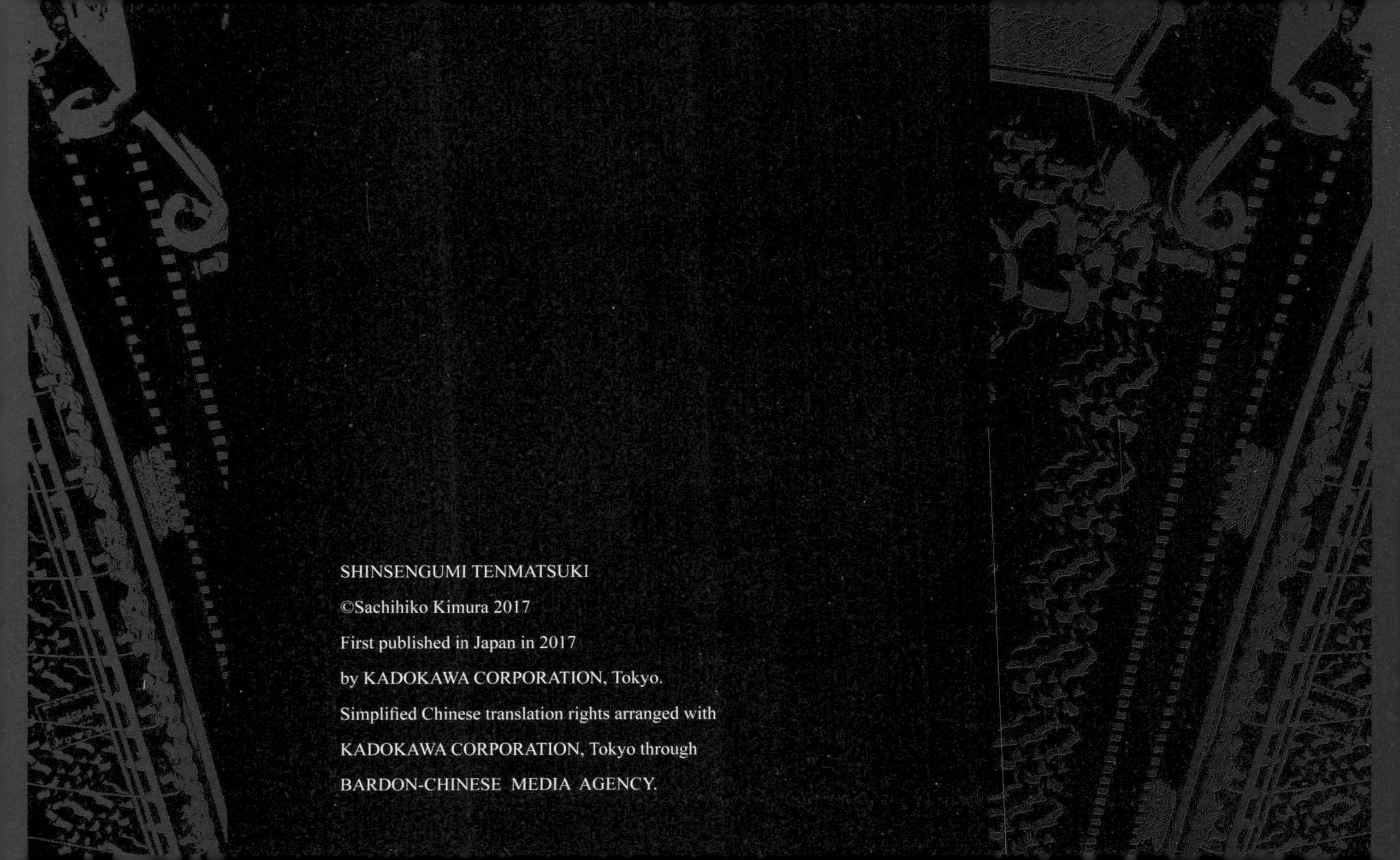

SHINSENGUMI TENMATSUKI

First published in Japan in 2017
by KADOKAWA CORPORATION, Tokyo.
Simplified Chinese translation rights arranged with
KADOKAWA CORPORATION, Tokyo through
BARDON-CHINESE MEDIA AGENCY.

最后的武士

新选组始末记

新撰組顛末記

〔日〕永仓新八
〔日〕木村幸比古 著
信誉 译

SSAP 社会科学文献出版社
SOCIAL SCIENCES ACADEMIC PRESS (CHINA)

誠

目　录

最后的武士

新选组成立——

池田屋袭击——

禁门之变——

肃清高台寺一党——

最后的武士

伏见鸟羽的激战——

序言　新选组二番队组长留下的纸上纪念碑

所谓新选组四天王，一般指近藤勇、土方岁三、冲田总司，以及永仓（本姓长仓）新八四人。据说这四位都是剑道高手。在这四人中，久历战阵、九死一生的永仓新八则是一位长于机巧智谋的剑客。

永仓新八生于天保十年（一八三九），是松前（福山）藩江户定府奏者役兼祐笔①永仓勘次（其长子夭折）的次子。他曾师从神道无念流、心形刀流的著名剑客，后来见到天然理心流的近藤勇的武技，深为折服，于是成为试卫馆道场的食客。他虽然不算道场的亲传弟子，但一直

① 江户定府是指在江户时期担任老中、若年寄等幕府职位的大名及其家臣不进行参觐交代，而是定居江户。奏者是江户时期职务名，负责城中武家仪式的管理工作。祐笔即书记官。（本书所有脚注均为译者所加，后面不再特别注明。）

与土方岁三、冲田总司等人切磋剑术，大家都很喜欢他超脱的性格。

据说，近藤勇和试卫馆的弟子们渴望每日都能舞弄刀剑，因而决定上洛[①]应募幕府浪士队。一番波折之后，近藤、芹泽鸭等人终于留在了京都。永仓在新选组改组之后担任副长助勤和二番队组长，在近藤派与芹泽派的派系斗争中一直保持中立。不仅如此，身为剑客的永仓也威名远播，在池田屋事件时，负伤的他仍旧战绩斐然。

长期以来，永仓一直是新选组的核心人物之一。他常常斗志昂扬地奔赴战场。在鸟羽伏见之战时，他就曾一马当先闯入敌阵，后来又加入了近藤组织的甲阳镇抚队。但是，甲阳镇抚队在甲州胜沼败战，对近藤、土方的战术心生不满的永仓在江户同他们爆发了激烈的争执，之后双方割袍断义、分道扬镳。其后，他又加入芳贺宜道队长率领的靖兵（靖共）队，任其副长，转战奥羽[②]各地。后来在会津作战时求援失败，他便离队返回江户。

到了明治时期，永仓入赘旧松前藩藩医家，改名为杉村义卫。但是，即使时代和姓名都变了，永仓仍然无法忘怀他在新选组度过的青春岁月。为了宣扬新选组的功绩，

---

① 即前往京都。“洛”为京都的雅称。

② 日本古代令制国陆奥国和出羽国的合称。范围相当于现在的青森县、岩手县、宫城县、秋田县、山形县、福岛县六县。

他四处奔走。在那之后，他又到北海道桦户集治监①，当了一名出色的剑道师范。

在新选组为数不多的幸存成员中，永仓新八与岛田魁一直四处奔走，希望改变新选组被人们当作“叛贼”的状况。所以，永仓所写的《浪士文久报国记事》和他口述的《新选组始末记》，以及岛田的《岛田魁日记》都可谓是真正属于新选组的“纸上纪念碑”。

我们来概览一下关于新选组的第一手史料。

《新选组始末记》的雏形叫作《新选组永仓新八》，大正二年（一九一三）三月到六月连载于《小樽新闻》。这部书是以永仓口述回忆的形式，总共连载了七十回。在其中我们能够读出一些“评话”的感觉，这是当时负责采访永仓的记者——社会部部长加藤眠柳和吉岛力考虑到读者的感受而进行的刻意处理。这是直接采访新选组幸存者而获得的唯一证言，所以非常具有说服力。读者们对此也兴趣盎然。更加令人欣慰的是，据说，永仓本人也非常期待阅读每次的连载。虽然其中的一些文字对于我们现代人来说可能有些难懂，但还是希望各位读者能够通过阅读，一边感受当时的时代氛围，一边享受故事的内容。

① 集治监是明治时期设立的一种监狱。

最后的武士

明治四十四年（一九一一）十二月十一日，七十三岁的永仓新八开始整理关于池田屋事件的战斗记录——《记七处负伤》。直到《新选组始末记》成书为止，他都在努力记录新选组的历史。关于新选组历史的编纂，永仓曾说："实际上很久以前，我曾经有一本记录当年之事的日志。有一次把它给横滨的一个说书人看，他向我恳求说'这是十分珍贵的东西啊，我一生的夙愿就是能够看看它，请暂时借我看一下吧'。我跟他约好看过之后一定要还给我，这才借给他。但那之后不管我怎么催要，他都没有还。后来又发生了很多事，慢慢地我都不知道他的住处了，最后连这人是死是活也不清楚了。"这部日志就是在新选组研究者之间被称为"幻之史料"的《浪士文久报国记事》。永仓最后也没能拿回这本日志，大正四年正月五日，他病逝于北海道的小樽，享年七十七岁。

昭和二年（一九二七）六月二十七日，永仓的长子义太郎为了纪念父亲逝世十三周年，将《小樽新闻》的连载整理为《新选组永仓新八》，印制了三百册并将其分送给亲朋。昭和四十六年，这部书的复刻版由新人物往来社刊行。其后也有数册同类书刊问世。

虽然《浪士文久报国记事》已佚，但我们还能零散地见到一些被认为是该书一部分的文献资料。而且，平成十年（一九九八）正月，古玩商人多田敏捷得到了一部《浪士文久报国记事》，他请求笔者帮忙鉴定那是不是永仓的真迹。刚好灵山历史馆曾经在一个有关新选组的展览中展出过永仓的史料，笔者对其进行调查比对，认为多田得到的那部《浪士文久报国记事》除部分内容外均为永仓的真迹。

《浪士文久报国记事》是以毛笔所写，共分为三册。永仓为了写这个日志，可能前去造访了以前的伙伴，又走访了一些史迹，以图唤起自己对往事的追忆。也正是由于有了《浪士文久报国记事》的撰写，才让后来《新选组始末记》在报纸上连载成为可能。

这三册书的内容与报纸连载的内容基本相同：

①《浪士文久报国记事》松村藏书印 长仓所有

文久三年五月到文久三年十一月，稿纸二十九张（背面附有记叙文久三年二月之事的四张和纸）

②《浪士文久报国记事》长仓姓

元治元年六月六日到庆应三年十二月七日，稿纸二十五张

③《德川家御撰之兵 浪士文久报国记事》长仓所有

庆应三年十一月到明治二年五月十一日，稿纸二十五张（其中有六张是他人的笔迹）

第一册书上“松村藏书”的藏书印背面，写着一个

“严”字。这个松村就是出身土佐的维新研究者松村严。松村一直潜心研究新选组，在明治三十六年出版了《近藤勇》（内外出版协会）一书，其中就引用了这一文献。他还在乡土研究志《土佐史谈》中发表名为《史传　新选组组长芹泽鸭》（第七十一号）的论文，其中讲述了他得到《浪士文久报国记事》的经过：

> 长仓是与土方、冲田等人并列的新选组的干部。他一直活到了明治时期，并改名为杉村义卫。他常出入（德川）庆喜公以前的侍医松本良顺的家。我们看到，在《德川实纪》中，御医松本良顺很受将军家信任。后来他把名字中的“良”字去掉，改名为松本顺，并担任陆军军医总督。由于各种原因，我与他的庶子松本栋一郎关系很好，通过栋一郎的介绍，我结识了长仓，从他口中听说了很多新选组的事情。他将三册《浪士文久报国记事》送给了我。因此我对新选组之事十分了解。

这里讲，松本良顺曾给近藤和冲田看病，与土方关系也很好。松村通过松本良顺的次子栋一郎的人脉关系认识了永仓，并受赠《浪士文久报国记事》。虽然我们不清楚这件事的真伪，但鉴于他所著的《近藤勇》一书是在永仓生前出版的，就这一点来看，松村的话应该属实。

永仓是什么时候将自己的日记汇总成《浪士文久报国记事》的呢？由于永仓在其中使用了本姓“长仓”，而三册书中有一本又存有他人的笔迹，所以就笔者看来，这应该是在明治九年永仓竭力促成在东京的板桥竖立“近藤、土方两雄之碑”以后，为了纪念这件事而出版的。

卷末记有：“此战记乃苦战中之日记，事虽远去，却常常忆起，想让这些真实的故事流传下来，因而写作此书。本书可称为一部战场日记。”永仓正是将自己的亲身经历记录下来，以此作为献给那些壮志未酬身先死的新选组队员的镇魂歌。标题中的“德川家御撰之兵”，也可谓展现了最后一名幕臣武士的气概。在灵山历史馆的春季特别展“庆喜身边的人们”（平成十年四～五月）中，笔者将这份史料首次公开，同年十月，又将其更名为《新选组战场日记——读永仓新八〈浪士文久报国记事〉》（PHP 研究所）出版。

新选组的原始文献数量很少，而在其中，如果我们将《浪士文久报国记事》视作正史的话，那么《新选组始末记》就可以被称为“秘史”。将这两部史料进行对比阅读，我们就能看到两种不同的新选组形象。相比而言，前者更偏向于官方文件性质，而后者则带有很强的私人性。如果要问新选组的真实形象存在于何处，在笔者看来，它一定是存在于官方文件与“秘史”之间。但是，在《新选组始末记》之中，我们又能感受到某种运动般的快感以及男性独有的美学体验。永仓也正是出于这个原因，才会在生命的最后时光里，努力将新选组的本来面目讲述出来，以馈后人。

希望各位读者朋友，能够在阅读这本书时感受到那种无法在所谓的“历史史料”中体会到的“现场感”——就像是永仓新八本人正在面对面地向您娓娓道来一样。

浪士队上洛

昔日为近藤勇之友，如今是小樽隐居人

这人约莫七十四五岁的年纪，垂在胸前的那把银白胡须十分惹眼。他额头宽阔，略略下垂的眼角上堆着细纹。他似乎正抬头仰视，唇边现出了一丝微笑，嘴巴仿佛要发出轻咳一般微微地张开着。一眼望去，岁月似乎早已磨平了这位隐居中的杉村义卫老先生的一身棱角和锐气。在雪中的小樽，他安居一隅，静静地观望着生命的流逝。然而，那种无比坚韧的气场与如同枯木一般关节突出的粗壮双臂，还能让人们隐隐回想起那位曾在幕末历史中留下了精彩一页的永仓新八。

永仓新八又是何人？文久元治年间，幕府为了对付萨

晚年的永仓新八（杉村悦郎藏）

摩、长州的勤王之士，在京都守护①麾下召集了名为新征组

① 江户末期的官职，与将军后见、政事总裁合称江户幕府三大要职。拥有非常时期的军事指挥权。

的浪人组织，这就是后来的新选组①。而永仓新八，正是新选组中与近藤勇、土方岁三等人齐名的幕末时期的著名剑客。随着时光流转，如今就连这位当时在京坂两地以骁勇闻名的勇士，也和他那如同黑铁打造的强健身躯一起慢慢暗淡下去了。随着年岁的增长，他壮年时代的风采已经依稀难辨了。

屈指算来，这已经是五十年前的故事了。当时近藤勇率领的新选组受命在京都巡视，而长州、土佐、肥前的志士们敢触幕府之逆鳞，激烈地鼓吹尊王攘夷之说。而且，他们还将京都作为策源地，秘密地往来于京都与藩国之间。元治元年六月六日的晚上，数十名志士在鸭川之畔的一家名为池田亭的旅店中集会，密谋某日于禁城之中放火，企图趁此骚乱挟持天皇移驾长州藩。这样一来，他们不仅能够让与己方敌对的会津和萨摩二藩受挫，还能达成攘夷的初衷。不料新选组很快得知此事，于是在他们密谋的当夜，近藤勇及其义子近藤周平、冲田总司、永仓新八、藤堂平助五人闯入池田屋，武名遍传天下的近藤勇成就了他一生中最为驰名的一次恶战——池田屋袭击。正值壮年的永仓新八也成竹在胸，挥舞太刀，当场斩杀了四名抵死而斗的志士，而他自己仅仅受了点轻伤。这次的战斗

---

① 新征组是在清河八郎被暗杀后，将余下浪士重组而成的，直接受庄内藩指挥，与新选组是脱胎于浪士队的不同组织。

记录一直留存至今。

据说，这场战斗直接让明治维新推迟了两年，同时也让幕府得以在这段时间苟延残喘。与此同时，日本历史上也添加了新选组这一注脚。新选组的队员们身着短袴、高齿木屐，意气风发地走在街上的身影甚至能让小儿止啼。此后，永仓新八与近藤、土方等人的名字都变得如鬼神般令人忌惮。

然而，时势终究没有站在德川幕府一方。从伏见鸟羽之战到江户包围战，再到函（箱）馆炮战，新选组虽然英勇奋战、威名远播，但时而被解散，时而有队员主动脱队，甚至连队长近藤亦被斩首，接连遭到了一系列毁灭性的打击。而在这之后，永仓新八又在何处展开了怎样的行动呢？这些都是在幕末史中看不到的“秘史”，而这段长篇“秘史”，就在彼时的永仓新八、如今的杉村义卫身上，缓缓地拉开了帷幕。

十八岁获本目录，脱藩只为修剑道

时值天保十年。德川一统，世颂太平，众竞豪奢：胯下银鞍白马，身着伊达小袖[①]，腰系窄身长刀。就在这一年的四月十一日，地处江户下谷三味线堀的一所长屋[②]之

① 装饰华丽的和服。

② 一种集合住宅。

内传出了一阵嘹亮的婴儿啼声——在福山藩藩主松前伊豆守[①]的宅邸，日后的那位杉村义卫，也就是永仓新八，呱呱坠地了。

永仓之父名为永仓勘次。永仓家代代仕于福山藩，承袭江户定府取次役[②]一职，享有一百五十石[③]的俸禄。勘次夫妇只此一子，因此将他视同掌上明珠。父母为他起了“荣治”的乳名，期待他茁壮成长、早日破茧成蝶。从会爬到能站，从能站到能行，父母几乎夜夜不休地守护着他成长。慢慢地，他又学会了读书写字。荣治少时便气度不凡，喜做豪爽之事，常常令他的父母都不得不加以干涉。

虽然荣治生于武士之家，但身逢治世，武士们也只能过着刀剑入鞘、马放南山的生活。不过，顽皮的荣治年方八岁就开始缠着父亲想要修习剑术。于是，父亲为他找了当时闻名江户的真刀（神道）无念流高手冈田十松做师范，希望自己的爱子武运长久。

父亲曾慈爱地传授他修行心得：“荣治，你生于武士

---

① 日本明治维新以前的成年男子，特别是上层社会男子的姓名一般分为“族名（家名、氏）”、“假名（通称）”和“实名（讳）”三部分。本书中往往采用姓氏（松前）加律令制官名（伊豆守）的形式表示，后文中的“松平肥后守”“三条中纳言”“日野大纳言”等皆从此例，不再一一注明。

② 藩中职务，负责向藩主通报重要案件的情况。

③ 日本古代，一般以粮食收成（单位为“石”）为标准计量领地或俸禄。

之家，既立志修习文武两道，就要努力强健自身以振家名。”后来成为著名剑客的荣治此时虽然年纪尚小，却已经把父亲的教导铭记心中，他霜雪不废、夙夜不怠地和那些勇猛的壮年武士一同勤勉修行。年复一年，他的剑术愈加精纯。也可能是因为比其他人更有剑道天赋，他十五岁就取得了“切纸”① 资格，到十八岁时就得到了“本目录”② 资格，成为众弟子中的一流高手。

他的老师冈田十松曾得意地对人说：“永仓是我的得意门生。”这也是荣治十年辛勤努力的结果。十八岁时，荣治剃发元服③，改名为新八。

当时，松前藩实行一种武艺奖励制度。按旧例来说，武士之家的次子、三子必须送到很好的武艺学堂中学习，而长子则因为需要继承家督之位，不能出外。在武艺上野心满满的新八虽然不甘于只取得一些小小的成绩，却只能眼巴巴地看着昨天还和自己一起踩着木屐去道场的朋友们陆续进入武艺学堂。到了十九岁的春天，他终于下定决心

① 神道无念流的初级段位。

② 剑道技能等级位阶的一种，是掌握某流派技法的证明。不同流派的位阶名称也不尽相同，“目录”一般是在“切纸”和“免许”之间的段位。

③ 男子的成人礼。“元”指头，“服”即服装，元服就是“加冠于首”的意思。

脱藩[1]，甚至连父母都没有告知。即便如此，新八却没有受到责备。由于他热衷剑道，脱藩之后只在江户的道场中流连，所以藩中虽然申明了法度，但认为他精神可嘉，因而判他无罪，甚至都没有将他追回。新八曾听其师冈田讲过，有一位名叫百合本升三的剑士在本所龟泽町开设道场，于是，这位血气方刚的年轻武士便加入了这个与冈田属于同一流派的学堂。

不过，他已经取得了“本目录”的资格，虽然还不是师范代[2]，却也负责起新入门弟子的训练工作，还要外出传授武艺。永仓在这里过得十分愉快，同时，他也孜孜不倦地练习，让自己的武艺更上一层楼。

修武艺小试身手，佐野宿大闹道场

从藩中出走的永仓新八住在本所龟泽町的百合本学堂中，从安政四年到万延元年[3]，他在道场中摸爬滚打了整整四年。在这段时间里，他的剑术获得了极大提高。

---

① 指武士从藩中脱离，成为浪人。

② 道场中，武艺高强的弟子往往要代师传艺，称作“师范代”。

③ 原文为文久元年到元治元年，有误，文久三年起，永仓已随浪士队上洛。本书在记述中存在个别与史实有出入的地方，但为保留史料原貌，仅对一些特别重要的错误进行说明。勘误时主要参考了永倉新八（著）· 菊地明（注）『新選組奮闘記』PHP 研究所、2013。

既然如此，新八便想试试自己的武艺究竟到了何种程度。在十九岁[①]的那年春天，他邀约自己的同门、松前藩浪人市川宇八郎一起，动身前往邻国[②]修行。市川身长六尺、膂力过人，不但长于剑道，在柔道上也有相当高的造诣。同门之间进行相扑比斗时，几个同门都敌不过他一人。血气方刚的这两人豪言“天下英雄唯你我二人”，意气风发地踏上了旅途。他们走了一天又一天，某日来到了日下野的佐野宿[③]。

这里是堀田摄津守驻兵之地。驿站那边不断地能看到有武士往来致意，商业也相当繁荣。剑客秋山要助在这里开设了道场，堀田家的家臣们也常来道场磨炼武技。而在堀田家中负责给众人传授剑术的则是一位流派不明、名为大泽大助的家臣。他一听说永仓和市川两人从江户来此，便向他们提出切磋较量的请求。这正中二人下怀，他们慨然应允。次日一早，大泽的四位门人应约来访。永仓和市川两人轮流上阵，挥舞竹刀轻松打败了大泽的门人。

大泽的门人落荒而走的样子落入了赌场“猿屋”的头目眼中。这人在关东八州[④]的赌徒中颇有威信，以任侠

---

① 原文为二十五岁，有误。

② 这里的“国”指令制国，是日本古代的地方行政单位。

③ 这里的宿即“宿场”，是驿站的意思。

④ 江户时期对关东地区八个令制国（相模、武藏、安房、上总、下总、常陆、上野、下野）的总称。

闻名，常常与堀田家中之人发生龃龉。看到比斗后，这位头目对永仓二人产生了兴趣，于是，他向永仓、市川两人郑重表示想要结交的意愿，随后摆下酒宴款待二人。酒宴上，他怂恿道：

“二位先生，今早我看到您二位击败大泽的四个门人，那身手简直让人敬佩。不如下次直接去大泽的道场比试一番，二位意下如何？”

“哈哈哈，那样更有趣了。我们正不知道该从哪里下手呢。”二人回答道，漫不经心地离开住处前往大泽道场。

这时的大泽道场中，门人弟子们正热火朝天地进行着武艺练习。永仓与市川傲慢地要求进行不同剑道流派间的比试，随后踏进了道场。早上两人已经打败了四名门人，所以大泽不得已亲自操起竹刀上阵比试。他首先要求永仓做自己的对手。双方颔首致意，随后站起身来。大泽将竹刀高高举过头顶，永仓则双手握刀，摆出平举的架势。

“嘿！”“呀！”一次呼吸①间，大泽的竹刀以肉眼难以分辨的速度飞快劈下，攻向永仓的刀。他喝到“看我绝招”的同时，挥刀打向永仓的侧脸。正常情况下，这一招会晃乱敌人的眼神，但永仓不愧是永仓，他刹那间就

---

① 剑道讲究呼吸之法，重视一次呼吸之间做出的动作。

看穿了对手是要用刀背砍向自己，便答道："不过如此。"大泽点头道："到此为止。"随后收招。

猿屋的手下们挤在窗外偷看到这一幕，"哇"的一声发出了嘲笑。接下来到市川上场，对方说比剑道太过麻烦，要他扔掉竹刀空手比试。市川本就不介意比试柔道，随后使出自己的撒手锏来让大泽中招败北。大泽道场惨败，众皆愕然。而猿屋的人则欢欣鼓舞，像迎接凯旋的将军一样设宴款待永仓二人，他们一直喧闹到次日天明。

幕府渐失人心，永仓结识近藤

这一年八月，去邻国修行又大闹道场的永仓和市川悠悠然回到了江户。永仓仍旧回到本所的百合本学堂。任职于御书院组①的坪内主马开设了北辰一刀流的道场，他看中了永仓，邀请他到道场担任师范代。

坪内是伊庭军平门下最得意的弟子，在牛込地区也是屈指可数的高手，门下弟子甚众。永仓性格豪爽，从早到晚都在道场与豪勇的武士们一同切磋技艺，还时常背着剑道用具外出教学。而空闲时，他就去向各道场有名的剑术

① 江户幕府德川将军的亲卫队。

前辈请求比试武艺。在这期间，永仓偶然结识了江户幕府末期的著名侠士近藤勇。

这段时期，天下时局渐渐动荡起来，还发生了美国军舰驶入浦贺之事①。狼狈至极的德川幕府意外暴露了自身的无能，故而天下志士云集响应，开始策动攘夷讨幕之事。年号从安政变为万延，又变成文久，随着时移世变，人心也渐渐动摇起来。事到如今，幕府再想封住渐渐骚动的万民之口已经是不可能的了。不过，已经享祚三百余年的德川幕府毕竟还有相当雄厚的统治基础，其首都更不至于轻易陷落。倘若幕府一呼，各谱代大名②便会率铁骑开赴千代田城③下，此外尚有八万旗本④正在摩拳擦掌、按剑待命。加之江户府内⑤的浪人们也正在静待风云际会，随时准备着飞马前去报效幕府。而此前一直在韬光养晦的京都方面，则云集了来自萨摩、长州、土佐、肥前的志士，他们在暗地里窥伺时机，把京都变成了阴谋的策源地。京都与江户遥相对峙，民心也各自分成两个阵营，形

---

① 即“黑船事件”。

② 江户时期大名的一种，也叫世袭大名，一般指在关原之战以前就追随德川家的大名。相较于其他大名，谱代大名与将军家的主从关系更加密切。

③ 江户城的别称。

④ 指俸禄不满一万石、有资格在将军出场的仪式上出现、家格在御目见以上的将军直属家臣。

⑤ 府内、御府内均指当时的江户市区。

成了天下二分的局面。

此时，近藤勇在江户的小石川小日向柳町的一处坡上开设道场。在众多剑客之中，近藤实力超群，每天早上都有五六十名门人弟子簇拥着他进进出出，从很远处都能听到他们的竹刀敲击之声。弟子中领头的人就是日后著名的剑道高手冲田总司，此外还有山南敬助、土方岁三、原田左之助、藤堂平助、井上源三郎等人，他们个个都是铁骨铮铮的豪杰，挥起剑来刚猛异常、杀气腾腾。永仓原本只是想去近藤那里修行剑术，但时间一长，他渐渐被近藤周遭散发出的那种侠义精神感染。结果，不知不觉间，永仓与冲田、土方、山南以及其他豪杰壮士的关系渐渐亲密了起来。

如此一来，永仓在近藤那里会执弟子礼，而近藤等人则以客礼待他。每次练习结束以后，他们必定要一同饮酒。在酒桌上，他们常常讲起激进的攘夷论，例如“各位，那些看到就让人生气的洋鬼子啊，咱们一有机会就去暗杀他们吧”。

孩子王搅闹村中，十五岁代师传艺

接下来，顺便讲述一下近藤勇在结识永仓新八之前的经历。近藤之父名为宫川久次郎，住在武州[1]调布町字石原的洼村，是将军直辖地的一位广有田产的富农。这里地处多摩地区，原属豆州[2]韭山的代官[3]江川太郎左卫门治下，故此村民们虽然平日里忙于农事，但早已形成了倘若将军有事便会立即前去效犬马之劳的风气。由于此地的这种尚武之风，人们从未荒废剑术。

久次郎生于一户普通农家，小时候就十分伶俐。他读书很好，开始协助打理家业之后愈加勤勉，且精于理财之道，创下了村中首屈一指的家业。到了壮年，他迎娶了邻村一个名为阿荣的姑娘。在让家境变得愈加富裕的同时，他又开始醉心剑道。久次郎育有三子一女：长子高五郎，次子久米次郎，三子胜太就是后来的近藤勇，长女理世和长子高五郎都是幼年夭亡。

天保五年十月九日，胜太诞生。此时的久次郎已经是大财主了，又担任了村中的调停人，在当地人望很高。他家中就有道场，还设有可供教学的练习场地，所以胜太小时候就听惯了竹刀声和读书声。等稍微长大一点，他就戴起可爱的儿童护具、挥舞着玩具竹刀比画起招式来了。他

---

① 武藏国的别称，范围相当于现在的东京都、埼玉县和神奈川县的一部分。

② 伊豆国的别称，范围相当于现在的伊豆半岛和伊豆诸岛。

③ 代替领主管理地方事务的人。

的父亲久次郎喜读兵书战策，所以，秋夜的炉边，胜太常常坐在父亲的膝上津津有味地听那些著名将领的战功事迹，从中国的韩信、张良、关羽、张飞讲到日本的九郎判官①、楠正成②，再讲到加藤清正③。其中，忠诚勇烈的关羽尤其感动了他幼小的心灵，胜太常常问："父亲，关羽还活着吗?"

少年胜太慢慢长大，渐露锋芒。他臂力很强，和人打架时，比他年长五六岁的少年都会被他打哭。村里的孩子们都怕他，他也愈加任性，变成了村中的第一孩子王。

在这期间，父亲久次郎常常邀请在江户牛込二十骑町开设道场的天然理心流高手近藤周助来自家道场教年轻人武艺，每月三次。胜太同哥哥久米次郎一样因此得以初窥武学的门径，加之对武艺十分热衷，所以勤奋学习，武艺明显提高了不少，十五岁时就已经能够代师传艺了。而且，胜太骨架粗壮、眼神锐利，武艺又十分精湛，不仅那些十五岁的少年敌不过他，就连村中一些被称作剑客的人也不是他的对手。父亲久次郎尤其以此为傲，每次到附近的村子做客时一定会带上胜太，让他与当地的人比武。胜

---

① 即源义经（1159～1189），日本平安末期的著名武将。

② 即楠木正成（1294？～1336），日本镰仓末期至南北朝时期的著名武将，被称为"军神"。

③ 加藤清正（1562～1611），日本安土桃山时期至江户初期的武将。

太自己也慢慢开始想要验证一下自己的身手究竟如何，便去附近各地周游。这样，近藤周助的得意门生胜太之名在这一带渐渐广为人知。

兄弟设计退强盗，胜太继嗣近藤家

嘉永二年，胜太十六岁。一天晚上，几个强盗趁他父亲久次郎外出时闯入了胜太家。他哥哥久米次郎刚要拔刀上前一展身手，却被胜太拦下了。他小声道："贼人刚闯进来的时候气势正盛呢。现在出去的话要花很大气力才能打赢他们。等他们离开的时候出去，他们首先想到的一定是快些逃跑。在对方心神不定的时候乘虚而入，这才是剑道的秘诀。"

哥哥久米次郎对弟弟的话深以为然，便按捺住自己急躁的内心，静待时机。强盗们并没有发觉在暗处窥伺的兄弟俩，他们把其他家人绑起来，又把家中值钱的东西捆成一包，准备慢悠悠离开这里。胜太见时机已到，便和哥哥各自提刀跳出，大喝一声："站住!"一刀砍倒了走在最后的强盗。

突遭袭击的强盗被吓得肝胆俱裂，连边战边走的勇气都没了，丢掉抢来的东西就开始拼命逃跑。兄弟二人追上去，又砍伤了两三人。久米次郎意犹未尽，想要继续追击，胜太拦住他说："穷寇莫追。见好就收才是上策。"于是兄弟二人不再追击强盗，折返回家。

这件事逐渐传扬出去，人们对这对兄弟倍加赞誉。尤其是胜太表现出的智勇双全和沉着冷静，让他的老师近藤周助非常感动。近藤周助向胜太的父亲久次郎请求说："能够作为近藤家的第四代传人、继承天然理心流的人非胜太莫属了。"久次郎本舍不得让爱子去别家继承家业，但又难以拒绝近藤的一再恳求，终于答应了这件事。胜太原本就有此打算，因此十分高兴。过继养子一事很快就办妥了。次年，胜太十七岁，以近藤家养子的身份元服，改名为近藤勇。

此后，养父周助更加悉心地教导他，近藤勇终于获得了免许皆传①的资格。随着道场的发展壮大，在近藤勇二十五岁的时候，他的武艺在江户府内已经非常出名。也正是在这个时期，近藤结交了土方岁三、冲田总司、永仓新八等人。

一天，在永仓新八的提议下，他们几人向本所的大道场中担任德川家御指南番②的男谷下总守提出了比武的请求。近藤在各町道场之中名头很响，下总守也早就听说过

① 学到某剑道流派全部技法的证明。

② 教授大名武艺的人。

他武艺高超。于是，男谷下总守命数十名门人弟子整齐端坐，十分客气地迎接他们，并设席招待他们四人。

近藤首先与男谷的师范代本梅缝之助对战。一次呼吸后，缝之助大喝一声，挥刀从正面斩下，使出擅长的招式敲击近藤的竹刀。这招十分突然，近藤的竹刀一下就被击飞了。但近藤的胆量更胜对手，他急中生智，疾走两三步上前，展开双臂，弓腰摆出了无懈可击的迎战架势。缝之助向他行礼致意："领教您的手段了。"说完退场。

下总守随后教导门人说："死中求活乃剑之极意。近藤今天的表现正说明了这一点。"其他人也各自小试身手后，四人离去。

清川八郎矢志倒幕，永仓新八坐论攘夷

此时住在江户府内的浪人们都在关注着加剧动荡的时局，每个人都在摩拳擦掌，等待着一展身手的机会。其中一人就是来自羽藩[①]的豪杰清川（河）八郎。

之前，心怀勤王倒幕之志的八郎一直致力于统一藩中的意见，但与反对派中的人发生冲突，乃至决斗。最后他

① 庄内藩。

终于决意脱藩成为浪人。此后，八郎前往京都，结交那些有志于勤王的志士，四处奔走。在这段时间里，八郎为了号召攘夷讨幕，决定不惜牺牲自己也要组织义军。以此为目的，他与公卿中山家的家臣田中河内介进行密谈，还要亲自前往九州游说真木和泉、平野次郎等人，然后纠集肥后、萨摩、长州、土佐各藩的有志之士，推举岛津和泉为主将，举兵倒幕。

众志士决定首先除掉幕府倚为屏障的酒井京都所司代①和九条关白②，以此作为举兵的准备。但未及行动便已事发，众多志士被捕。八郎巧妙地隐藏了自己的行迹，潜伏在水户、仙台一带，等待下个时机的到来。颇富智计、学识渊博的八郎心中明白，从自己首次失败、韬光养晦到再次出世的这段时间里，必须要想出一个打破桎梏的方法。他绞尽脑汁，终于想到了一个主意。文久二年十一月，他向时任政事总裁③、权势很大的越前侯松平春岳进献了《急务三策》。

所谓的“三策”就是“其一攘夷，其二大赦，其三广征天下英才”。当时幕府正渴求有识之士建言献策，于

---

① 所司（头人）的代官，负责京都治安。

② 日本古代官职，是摄政一职在天皇成年后的称呼。摄政与关白合成“摄关”，在平安时期曾架空天皇掌握政治实权，后走向衰落。

③ 江户末期的官职，与将军后见、京都守护合称江户幕府三大要职。

是率先采纳了八郎的意见，并通过春岳侯密令八郎遴选志士。八郎本来是主张尊王倒幕的志士，而他的建议却似乎是对幕府有利的。虽然这看似与他的初衷极为矛盾，但八郎自有他的远虑。如此一来，曾经触犯刑律的他不但能在大赦之后再次堂堂正正地露面，而且又能够将幕府募集的志士引为已用，可谓是一石二鸟。

幕府并没有看破八郎的真意，首先颁布了大赦天下的命令，原宥那些正在承受刑罚的志士，同时打着尽忠报国的旗号广召义勇之士。这件事传到了素常以爱国之士自命、时常发表攘夷论的永仓新八耳中。一天他像往常一样前往近藤勇的道场，向近藤以及冲田总司、山南敬助、土方岁三、原田左之助、藤堂平助、井上源三郎等人说道："各位，我听到传言说，最近幕府正在广征天下志士，要为攘夷做准备了。要是真的，我们不妨也去加入他们，一舒平日的愤懑啊。"

在座的几人当即表示赞同。

浪士队开赴京都，芹泽鸭大闹本庄

近藤勇等人一致同意永仓提出的加入攘夷组织的意见。于是自近藤以下，众人展开了详细的讨论，决定去拜访正在募兵的松平上总介以探听真相。这一日，他们集合前往位于牛込二合半坂的上总介宅邸。

当时，上总介在朝野间都很有威望，是位雅量高致的人物，尤其是浪人们都对他怀有一种崇拜的心情。一听说近藤、土方、永仓等七八人来访，上总介便马上到客厅接见他们。上总介从尊王攘夷的主张谈起，一直讲到为护卫来年春天将要上洛的将军德川家茂，会有一支幕府征召的浪士队前往京都，他把这些事情坦诚细致地一一告知他们。近藤等人原本就血气方刚，听了他的话之后，心中更加雀跃，当即立誓要加入浪士队，全心全意为将军效忠。上总介对此也非常满意，表示很欢迎他们加入，并和他们约好之后再次会面。

热血沸腾的近藤诸人备受鼓舞、欢欣非常，之后的日子里，他们每次聚在一起，都会整日意气风发地说一些豪言壮语。到了第二年，文久三年二月四日、五日①，应募浪士的总集会在小石川传通院的学习院中召开了。当天有二百三十五名浪士参加，自近藤以下，永仓等人也都迫不及待地去参加了这次集会。清川八郎成为浪士们的首脑，松平上总介却意外地没有到场出席。众人心下诧异，便去询问山冈铁太郎，得到的回答是上总介大人有更长远的考虑，因而辞去了管理浪士的职责。集会上众人主要讨论了

① 原文为二月八日，有误。

出发去京都的有关事宜，又听取了一些注意事项，之后散会。

当月八日[①]，浪士队作为将军上洛的先遣队出发了。他们取道中仙道[②]，开赴京都。由于队伍中集结的都是一些脾气火爆、沾火就着的浪人，所以幕府方面在管理上也颇费苦心。总揽浪士工作的是御老中[③]板仓周防守，处理浪士工作的有鹈殿鸠翁、中条金之助、高桥伊势守，杉浦正一郎、池田修理二人担任御目付[④]，负责管理浪士的有山冈铁太郎、窪田次郎右卫门、松冈万，负责管理浪士的下级职员则有佐佐木只三郎、速见又四郎、高久安次郎等人。这些旗本武士和著名剑客肩负起了浪士队的监管工作。

上述人员中，山冈铁太郎是高桥伊势守的妹夫，日后两人分别以铁舟、泥舟为号，都是著名的剑豪。下级职员中的佐佐木只三郎就是后来暗杀坂本龙马的人，他是使用小太刀的高手，武艺独步当世。幕府不惜起用这些人物来应对浪士，从中就能看出他们的煞费苦心。

别有所图的清川八郎将二百三十多名浪士分为七

---

① 原文为十三日，有误。

② 即中山道，江户时期五大主要街道之一，连接江户的日本桥和京都的三条大桥。

③ 江户幕府官职名，负责政务的执行工作。

④ 官职名，负责监察工作。

组[1]，选任合适的队员作为组长，离开了江户。

近藤勇与池田德太郎共同负责一行人的住宿事宜。当夜[2]的住所安排在了本庄宿，但一行人到达之后发现忘了安排三番组组长芹泽鸭的房间。芹泽是个很有名的勇士，性格固执武断，举止十分粗鲁，手上总是拿着一把刻有“平素尽忠报国之士芹泽鸭”的三百匁[3]重的大铁扇。一听说没有安排自己的住处，芹泽火冒三丈。他立刻召集三番组队员，命令他们去野外扎营，还在住所广而告之：“我要点起一堆大篝火，你们可别吃惊。”

本庄宿夜起篝火，众豪杰恣意妄为

时间不长，一堆很大的篝火便点了起来，火势灼天，景象十分骇人。芹泽穿戴齐整、怒气冲冲地坐在折凳上，露出非常愤恨的神情。近藤与池田飞奔到他身边请求道：

“芹泽先生，今天确实是我们两人疏忽大意，忘记安排您的住所。这件事请您一定谅解。我们立刻为您安排合适的住处，您能先把篝火灭掉吗？”

---

① 原文为五组，有误。

② 到达本庄宿是在二月十日。

③ 重量单位，1 匁约为 3.75 克。

这时，本庄宿的管理人过来盛气凌人地吼道：

“你们为何要点如此大的篝火？快给我熄灭了！”

这正好触到芹泽的霉头。芹泽冷不防地挥起他那把铁扇，一下子就把管理人打飞了。那人当场就晕了过去，而芹泽却丝毫没有解气的样子。近藤等人又极力恳求他前往已经安排好的住处，芹泽过去一看，那边已经立起了“三番组”字样的牌子。芹泽看到后一言不发地抹去了“三番组”的字样，改写上“一番组”几个字。

浪士负责人看到芹泽旁若无人的行径，过来向他询问缘由。芹泽答道：

“芹泽虽然不才，但于奉公之事绝不甘于人后，早已做好冲锋在前的觉悟。请务必让我担任一番组组长。”他便如此强行地当上了一番组的组长。这件事就是上京途中发生的首次纠纷。

队伍继续前行赶路，抵达加纳宿时，山冈铁太郎叫来芹泽，向他表示自己要辞职返回江户。虽说芹泽鸭无法无天惯了，可山冈的话还是让他十分震惊。他说：

“您的想法真是令人意外，是在下的妄为让您做出了这样的决定吗？”

山冈听了答道：

“诚如您之所言。”

芹泽陷入了深思。倘若就这样放任山冈返回江户的话，他一定会因为失职而切腹。芹泽想到，国家如今正值多事之秋，失去山冈这样的名士将会造成很大的损失。于是，他沉默了。

随后，芹泽劝解道："那么在下就辞去组长一职，此后上京途中也不再生事，请您打消返回江户的念头吧。"这样一来，近藤勇与山南敬助当上了三番组的组长，芹泽则作为机动部队尾随在鹈殿鸠翁的轿后。

到了草津宿，被选任为监察的村上俊五郎提醒三番组的山南敬助说："贵组中的混乱曾造成了很大的麻烦。您还是辞职吧。"山南听后怒火中烧，答道："什么混乱呢？您是为了羞辱我才说这样的话吧。"眼看双方又要起冲突，鹈殿和山冈调解说"好了好了"，命令道"你们两人在到京都之前都不许说话"，又安慰脾气火爆的山南说"等到了京都，三天之内我们一定惩罚村上"。于是浪士队加急赶路，总算在第十六天[①]安然无事地进入了京都。抵达之后，一行人分别住在壬生村的新德寺以及乡士[②]八木源之丞、南部龟次郎、前川庄治的家中，暂时解散休息，以缓解路途中的劳顿。

---

① 原文为十天，有误。

② 农村中的下层武士。

曾作为新选组驻地的前川旧邸的素土地面
（田野十二雄提供）

御所南门行拜礼，浪士团提建议书

浪士队气势汹汹地抵达了京都，分宿于壬生村中。鹈殿鸠翁、山冈铁太郎、佐佐木只三郎等幕府人员住在前川庄治家中，清川八郎、池田德太郎、村上俊五郎、村上久之丞、清川之弟斋藤熊三住在新德寺中，芹泽鸭、山南敬助、井上源三郎、近藤勇、新见锦、土方岁三、冲田总司、永仓新八、藤堂平助、原田左之助、野口健司、平山五郎、平间重助十三人住在八木源之丞家中。日后回想起来，清川八郎与芹泽鸭等人正巧分住两地，这似乎预示着什么。

其他人也都有了各自的落脚之所。第二天，浪士队全员集合前往御所[①]南门，朝着御所的方向远远行礼。不过，对村上俊五郎的处罚仍然悬而未决。到了第三天，山冈命村上解下佩刀，亲自领他到山南敬助的面前说：

“山南先生，有关上次的事情，村上特意前来向您谢罪，希望您能原谅他。不知您意下如何?”

山南笑道：

“山冈先生都这么做了，我们也不再介意了。”这件

① 天皇等地位极高之人的居所。

令人忧心的事件总算得到了和平解决。

酝酿着阴谋的勤王志士清川八郎继续推动着他的计划。文久三年二月二十八日[①]，八郎以从江户上京的全体志士的名义向御所提交了建议书。这是一封纯粹以勤王倒幕为主旨的建议书，其全文如下：

谨拜上言。此次臣等入京，既有大树公[②]大驾上洛，则尊戴皇命、攘斥外夷之旨将有乾断。奈臣等出身草莽，虽有尽忠报国之心，难及丹陛之下。承今上不咎既往，行尊攘之道而广募天下，选任贤能，又蒙人斡旋，臣等方得以奉召。

夷变以来，已逾数年。臣等久念舍身国事之众，皆愿奉征夷大将军之命，以毕尊攘之功。故臣等以为，幕府当履践前言，洞开言路，拔擢才人，以坚其赤心报国之志。臣等不才，愿效犬马。

既如此，大将军家当断然尊戴攘夷之大命，辅弼朝廷。万一因循姑息以致皇武隔离，臣等诚愿居中周旋、补缀事态。倘有不纳，虽非得以，臣等自有铭铭靖献之思。若事有变，臣虽卑贱，不胜惶恐，亦当尽

① 菊地明指出应为二十九日。

② 将军的别称。

忠报国，不惜身命，决然勤王。故请朝廷矜悯臣心，若蒙驱策，得遂尊攘之志，则臣幸甚。

臣等誓行尊攘，不愿受禄。倘有抗命谋私之辈，纵为有司之人，臣等亦必严责之。天威浩荡，敢请垂听，臣等拳拳之心，可与天地作誓。

诚惶诚恐，顿首再拜。

文久癸亥年二月十六日

谨白

板仓周防生疑虑，清川八郎谋东归

风起处云消雾散，高天原月光澄明。①

此乃孝明天皇听说清川八郎以浪士队的名义提交建议书后，赐予他们的御作和歌。

勤王倒幕志士清川八郎顺利上洛，其目的之一就是提交这封建议书。虽然这件事已经完成，清川的活动却引起了负责浪士工作的板仓周防守的注意。他觉察到这个清川八郎正在酝酿着什么重大的阴谋。周防守盯上了清川，这下，昨日还被看作浪士队首脑的清川，今天便遭到刺客的

① 雲きりをしなとの風に払はせて、たかまの原の月のきよけさ。

追杀。真是马脚一露就全盘皆输。

文久三年三月，将军德川家茂上洛，进驻二条城。随后，岛津、山内等大小诸侯陆续进京。从各藩随侍而来的勇士、浪人云集京都，隐隐形成了一种非比寻常的氛围。每年此季，绽放的樱花都会让京都的春天增色不少，而今年却显得毫无情趣。祇园的吟哦带上了难听的方言味，圆山的樱花也被掩映在刀光之中，真可谓焚琴煮鹤、大煞风景。

从江户赴京的浪士队本就是为此而来，这正是他们必须承担起护卫将军的责任之时。在此前不久的文久二年发生了所谓的生麦事件。当时岛津三郎久光从江户返回属地，走到武州鹤见河畔的生麦村时，两个英国人挡住了队伍前进的道路，岛津手下的武士拔刀砍伤了他们。事件发生后，面对英国强硬的谈判态度，幕府的外交官员束手无策。家茂将军进京途中，不断有快马陆续赶来，请求将军决断是否引渡岛津、支付赔款，或是派遣军舰出战。得知此事后，清川八郎认为时机已到，他筹划着先回到江户，再借机起事。

八郎企图借将军离开江户之机，乘虚而入。当时英国提出了许多蛮横的要求，这为他提供了许多回江户的借口。他在壬生村全体浪士集会时，提出了这个想法。听到清川的话，芹泽鸭唤来与自己同宿的十二人说道：

“各位，清川说他要回江户去。我们又不是来京都赏花的。在达到尽忠报国攘夷的目的之前我们不能东下。本人不同意他的意见。”

不用说，众人也异口同声地反对清川的提议：“我们自然不同意回江户。”

之后，这十三人到清川八郎那里询问要回江户的原因。八郎说：

“各位恐怕也已听说了，关于最近发生的生麦事件，英国的谈判态度十分强硬。非但如此，他们甚至威胁说要派军舰进行攻击。我们的本意就是想要担当攘夷的急先锋，所以应该先奔赴横滨，保护日本的锁国制度，成为攘夷的先驱。”

芹泽听了，脸上露出了无法理解的神色，断然拒绝说：

“我不能同意清川先生的话。据我们所知，朝廷方面还没有对这件事有所表示，将军家也尚未东下。要说打头阵的话，即便现在留在京都，也绝不会有什么妨碍。如果您要强行出发返回江户，那么我们十三人就自己留下来。”

会津侯颁下密令，浪士队伏击清川

清川八郎见芹泽鸭等十三人反对返回江户，不由心头火起，只说了一句“随你们便吧”，就愤愤起身，离席而去。于是芹泽等十三人便到鹈殿鸠翁处详细讲述了这件事。鹈殿极为赞同芹泽等人的想法，说：“我去向会津侯转告此事。”会津侯松平肥后守听了他的报告后，道：“就让那十三人暂归本藩吧。”于是芹泽等十三人便加入了会津藩。他们在八木宅邸门前立起一块大大的看板，上书“壬生村浪士屯所”。十三人就此独立。同时，会津侯也向芹泽等人下达了暗杀清川八郎的密令。清川八郎策划阴谋一事已经败露，所以这十三人屡次杀气腾腾地前往新德寺，意图杀掉清川。但清川一党也隐隐有所觉察，加强了警备。所以即便芹泽等人如鹰隼一般勇武剽悍，也觉得难以下手。

这天，芹泽听说八郎和山冈铁太郎两个人要到当时土州[①]侯馆驿所在的大佛寺去。这是不可错失的良机。于是十三人分作两队前往堀川方向：芹泽带领新见、山南、平山、藤堂、野口、平间六人走四条大街；近藤与土方、冲田、永仓、井上、原田五人则走佛光寺街。两队人马各自到清川的归途埋伏起来，准备伺机狙击清川。永仓这一队的计划是，在埋伏时若见清川等人走过来，永仓就第一个跳出去，先从身后拽倒山冈，对他说：“请不要抵抗，暂时得罪了！”然后近藤等五人以此为号令，斩杀清川。

夜深了，京都的街巷人烟稀少、阒寂无声。清川和山冈两人毫无防备地从四条堀川经过。芹泽看到后，紧紧按

---

① 即土佐藩。

住刀柄以免发出声音，蹑手蹑脚地靠近清川。他将刀抽出寸许，以便能够快速拔刀斩杀对方。但正在此时，他突然看到了山冈怀中的御朱印①，芹泽大惊，转身退走。

这封御朱印是将军家赐予山冈和松冈万的，其上写有“途中可随处募兵”的内容。山冈从江户出发时，把它装在一个天鹅绒的袋子里，一直贴身收藏着。在当时武士的观念里，向御朱印挥剑就等同于与将军家为敌，故此，芹泽最终没能拔剑，清川也得以保住了性命。而近藤和永仓等人在佛光寺街埋伏，等来等去也没见清川路过，什么都没发生。但会津侯那边愈加急躁起来，一直催促他们尽快杀掉清川。

文久三年三月二十三日，清川八郎终于率领同党踏上了前往江户的归途。此前一直留在京都的佐佐木只三郎受会津侯之命，会同速见又四郎、高久安次郎二人加入了清川的队伍。他们本想在途中趁机下手，但清川的护卫十分森严，三人没能动手。之后，一行人到达江户，八郎首先奔赴浅草藏前，逼着那些大商人捐出了相当数额的资金。他计划在筹措到军用资金之后，封锁横滨港，再攻击小田原的大久保加贺守并夺取他的居城，与潜伏在京都的萨摩、土佐、肥前志士遥相呼应，颠覆德川幕府。

① 加盖将军家朱印的文书。

【解说①】近藤、永仓等人的登场

江户的浪人数量不断增多，幕府对此十分头痛。出身出羽的勤王志士清河（川）八郎向幕府献策道："从旗本之中选拔数名豪俊之士，将浪人们集合起来组成浪士队，这样既能利用他们护卫将军、维持京都治安，又能减少江户浪人的数量，可谓一石二鸟。"清河作为勤王党的首脑放言："我将成为扭转乾坤的第一人。"文久元年（一八六一）春，他将有志勤王的人召集起来，成立了"虎尾会"，鼓吹国家论。清河本名清川，他立志要像大河一样推动国家前进，故此改姓为清河。

对清河的提案表示欢迎的有前越前藩藩主松平春岳和前土佐藩藩主山内容堂。与此相对，步兵奉行兼勘定奉行[①]小栗忠顺则反对说："如果令浪人们组成浪士队，又把他们送到京都去的话，会有损幕府的威严。应当组织旗本武士的后代。"讲武所[②]枪术师范高桥伊势守（泥舟）也赞同小栗的意见。

幕府经过文久二年（一八六二）的改革，任命一桥

---

① 江户幕府官职名，负责财政工作。

② 幕府设置的武艺培训机构。

庆喜担任将军后见，松平春岳担任政事总裁。又命松平容保担任京都守护，官居京都所司代之上。还火速召集幕阁，任命松平主税助（上总介）负责浪士队工作，令其火速组织浪士队。

此时，天然理心流试卫馆道场的宗家第四代继承人近藤勇正在尝试外出教学、招收门人。近藤表示只要是有一定剑术实力的人，无论出自什么流派都“来者不拒”，并以客礼相待。脱离松前藩的永仓新八是神道无念流和心形刀流的高手，因此与近藤结识。他十分着迷于天然理心流的“表木刀之形”①。其他受客礼相待的还有藤堂平助、原田左之助等人。

近藤对剑道训练十分热衷，所以门人弟子们每天都在勤奋练习。正如《浪士文久报国记事》所载，“训练结束后，门人弟子们会讨论国事，为国家的前途命运而担忧”，他们发表了很多关于国家的见解。当时非常流行的“处士横议”，就是指这些无视身份和出身的差异而对国事发表的议论。

文久二年十二月八日，幕府正式决定招募浪士队。其内容方针与清河的提议完全一致。为了推动公武合体②，

---

① 指天然理心流使用重量在 1.6 千克以上、有手腕粗细的木刀进行练习的方法。

② 幕末的政治运动，主张结合天皇的权威，整编和加强幕藩体制。

第十四代将军德川家茂决定上洛。这是自德川幕府第三代将军德川家光以来，时隔二百三十年的将军上洛。然而，志士们正在京都无所忌惮地展开名为“天诛”的恐怖袭击活动。作为对策，幕府命令京都守护松平容保尽速组织浪士队。

对于浪士队的募集，近藤等人又是如何想的呢？文久三年正月十六日，当地的村长小岛鹿之助在日记里记有“借给近藤勇铁衣（锁子甲）。昨日借给土方岁三一柄刀”的内容，记述了十六日近藤造访村长小岛家，借走了锁子甲，以及前一天土方借走一把刀的事情。这也印证了永仓说“不妨也去加入他们，一舒平日的愤懑”（『新選組顛末記』），劝说他们加入浪士队一事。

浪士队的招募条件是“只要有尽忠报国之志，且公正无二、身体强健、气力旺盛，无论贵贱、老少、职业皆可加入”。故此近藤等试卫馆道场众人都踊跃应募。最初，幕府方面的计划是共召集五十人，并做了支付给每人五十两共计两千五百两黄金的预算。然而招募一开始，就有二百五十人应募。松平主税助对此束手无策，因而辞职，由鹈殿鸠翁继任。最终，最初定下的两千五百两预算不变，支付给每个浪人的金额则减少到十两，共录用了二百五十人。顺带一说，胜海舟曾对坂本龙马表示对组建浪士队一事的批判：“此乃春岳公之大失策也。”（『雄魂姓名録』）

文久三年二月五日，村长小岛造访近藤试卫馆，与他们饯别。同日，近藤等人前往浪士队的集合场所——传通院大信寮，听取了赴京途中的注意事项。

在召集的浪士中，清河被称为“先生”。其中还有来自水户藩的芹泽鸭。

新选组成立

朦胧月夜现惨剧，浪士结成新选组

勤王倒幕志士的武运终于走到了尽头，清川迎来了惨死在刺客之手的命运。将军上洛之后，江户随之变得落寞起来，徒然虚度的春日也即将走到尽头。四月十三日这天，月影朦胧，八郎到羽州[①]上山藩藩士金子与三郎那里同他密议起事的有关事宜。他们从傍晚开始大杯豪饮，八郎大醉，脚步蹒跚地踏上了归途。

如影随形般跟踪着八郎的佐佐木只三郎当然不会错过这样的良机。清川完全不知道有人在芝山内附近的赤羽桥下埋伏着，焦急地等着他落入圈套。春天的夜风拂起他的鬓发，清川踏着月影，走上了赤羽桥，只见一位年轻的武

① 即出羽国。

士大踏步地向他走来。清川隐约认出这是自己曾经见过的佐佐木。

“啊呀呀，清川先生您心情真好啊。您这是从哪里来?”

“哦哦，我还以为是谁，原来是佐佐木阁下啊。我是去朋友那里……”清川正说着，只见电光一闪，佐佐木的刀已经从背后深深地砍进了他的肩膀。清川连声音都没能发出，就仰面倒下了。

在旁人看起来，佐佐木只三郎仿佛已经化作了一道月下的暗影。佐佐木想，过去取下清川的首级就大功告成了，此时附近却传来了行人的声音。佐佐木觉得如果被人看到会引起麻烦，于是放弃取下清川的人头，潜身消失在了夜色之中。次日黎明，佐佐木、速见、高久三人到酒井左卫门尉处借了兵，前往本所小笠原的宅院，将清川的残党村上久之丞、村上俊五郎、石阪宗顺以及其他五人轻轻松松地一网打尽。名义上是清川的同志，但对清川一党的阴谋并不知情的二百多名浪人暂由酒井左卫门尉管理，后来改名为“新征组”。由于这一事件，山冈铁太郎和松冈万两人被追究了失职的责任，奉命隐居。在第十五代将军德川庆喜大政奉还之前，这二人一直过着足不出户、与世隔绝的日子。

清川八郎被杀，他的密谋也胎死腹中。舞台便转向了仍留在京都的壬生浪士们。芹泽派的十三人由于归于会津侯麾下，声望地位也立刻变高了。他们虽然没有俸禄，但竟然能够春风得意地自由出入各诸侯家。此后不久，会津侯由于壬生浪士人数不足，命他们招募同志，组织起一个队伍。此时的会津侯已经开始担任京都守护一职了。

他们在京都、大坂一带招募到了一百多人。队伍的中坚力量仍然是从江户来的十三人，其他人便是所谓的乌合之众。因此要统领这些人，就必须有固定的规章制度。于是芹泽会同近藤、新见二人制定了禁令：第一，不可违背武士道；第二，不可脱离“局”组织；第三，不可擅自筹措资金；第四，不可擅自介入诉讼。倘若违反这四条禁令，便会被命令切腹。他们随后在队员面前公示了禁令。

所谓的“局”便是指队伍整体。局长为芹泽鸭、新见锦、近藤勇三人，副局长为山南敬助、土方岁三二人，冲田总司、永仓新八、原田左之助、藤堂平助、井上源三郎、平山五郎、野口健司、平间重助、斋藤一、尾形俊太郎、山崎烝、谷三十郎、松原忠司、安藤早太郎十四人被任命为助勤，岛田魁、川岛胜司、林信太郎三人担任调役①，岸岛芳太郎、尾关弥平、河井耆三郎、酒井兵库四

① 负责调查审讯的职务。

人担任会计。俨然组成了一个颇具规模的浪士队，他们将之命名为“新选组”。

新选组夏季整备，鸿池家借金二百

在文久三年的京都，骚动不安的春天即将过去。转眼间，已经进入四月了。这天，新选组的芹泽鸭同新见锦、近藤勇二人商量说：“已经快到端午了，队员们身上都还穿着棉袍。必须得想点办法让大家换上夏装。”两人也赞同他的说法。不过众人首先得解决资金的问题，这些连鬼神都能战胜的豪杰们被金钱难倒了。

合三人之智慧，他们最终决定到大坂首富鸿池家借钱充当经费。于是芹泽、山南、永仓、原田、井上、平山、野口、平间八人即刻奔赴大坂。他们投宿在八轩家的京屋忠兵卫处，次日一早，八人一同前往鸿池家。一个小童在玄关处恭敬地迎接他们，说：“欢迎。”芹泽把八人的名刺交给他说：

“在下等人乃是会津侯属下之京都壬生浪士。有事想要面见您家主人。”

小童刚把名刺送进去不久，就有一个看上去像是管家的人走出来说：

“如此请这边走。”招呼他们到侧玄关[①]。

芹泽露出了不悦的神色，怒气冲冲地说：

“这是把我们当成浪人所以就招呼到侧玄关吗，这种做法不太合适吧？”

管家低头鞠躬，为自己的失礼道歉，随即把他们请到客厅，拿出烟草盆[②]和茶水招待他们。

“很不巧，主人外出了。您能不能把来意告知在下呢？”

芹泽答道：“既然主人不巧出门了，跟您讲也没问题。我们今天来也没有其他目的，就是想告借二百两黄金以为公事之用，到本月月末一定归还。”

“啊，原来是这样吗？”管家微微歪着头说，“毕竟今天主人不在，在下也不好独自做主。所以请你们稍候，我去和同僚商量一下再给您答复。”说完他把烟斗插到腰间，站起身来离开了。过了一会儿，管家搓着手出来，说：

“那个，我刚和同僚商量过了。无奈现在主人不在家，我们实在不好做主。”

说着，他恭恭敬敬地从怀里拿出一个纸包，里面包着

---

① 武士宅邸的正门玄关旁边设置的一种侧玄关，用于接待身份较低的客人。

② 装有各种吸烟用具的盒子。

五两小判[①]，说："失礼了。"看他的态度，就好像是在打发前来勒索的人一样。芹泽怒气冲冲地说：

"如果就是要这点金子的话我们就不会特意过来了。你太无礼了！"

他冷不防抢过五两小判的纸包，用它猛击管家梳着丁髷[②]的脑袋。管家吓得肝胆俱裂，跑到町奉行所[③]告状说："壬生浪士来我家如此这般地无礼。"没想到町奉行听了，反而指示他说："壬生浪士是会津肥后守的部下，你要谨慎相待。"

主人鸿池善右卫门意识到这件事不能放任不管，只好亲自来与芹泽等人会面，对此前的失礼一再致歉，又说："您所需的二百两黄金在此，就请拿去用吧。"芹泽一行人非常满意，回到京都后立刻前往松原街的大丸和服店，给全体队员定做了新的麻制羽织、绘有纹饰的单衣和小仓袴[④]。做好后交给队员们，让大家都更换了服装。

---

① 江户时期流通的一种金币。

② 江户时期年长男子所留的一种发型。

③ 江户时期官职名，负责一市的行政、司法等工作。

④ 羽织就是和服外褂。小仓袴因以小仓织（小仓地区的特产优质棉布）制成而得名。

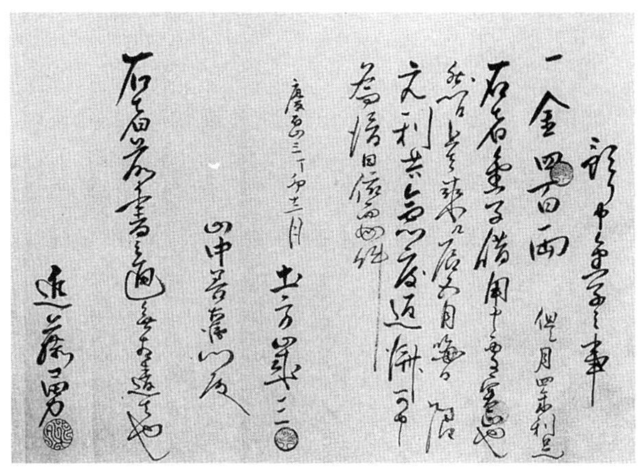

新选组写给鸿池善右卫门的借款证明（庆应三年十二月）

新选组实行西式训练，芹泽鸭责罚曳船纤夫

新选组浪士从大坂鸿池处借来二百两黄金，更换了服装。其中比较特别的是作为正式队服的羽织，他们仿照忠臣藏义士①发起复仇攻击时所穿服装的式样，在浅葱色的

① 1701 年，吉良上野介义英在江户城中羞辱赤穗城城主浅野内匠头长矩，两人在殿前发生争执，最后长矩被命切腹。赤穗武士誓为主君报仇，在家老大石良雄率领下，由四十七位忠君武士完成复仇义举，砍下吉良义英的首级，祭于先君之墓。是为赤穗事件。这次事件后来被演绎成为人形净琉璃、歌舞伎的经典剧目，一般被称为“忠臣藏”。

衣袖上染上了山形条纹。这一天，会津家把芹泽鸭叫了过去，公用人①对他说：

“我已经知道新选组从大坂鸿池家借钱整顿着装。这件事倒是肥后守考虑不周了。这里的二百两是本家交予新选组的资金，你们快拿去还给鸿池吧。”芹泽立刻拿去还给了鸿池，也没对他解释资金的来源。见他们确实信守承诺，这下即便是首富鸿池，也不再像第一次与新选组打交道时那样把他们当作普通的浪士队来看待了。此后他还多次宴请芹泽等人。

这样一来，芹泽、新见、近藤等干部都开始自重身份，行事也渐渐谨慎稳重起来。队员们也自然变得更加严守队规。通过负责执行将军护卫、市内巡查、管控浪人等任务，新选组的队伍也得到了整顿和提高。他们还购置了一批甲胄和手枪，作为日常课业，队员们每天都要进行西式训练。日复一日，随着时间的推移，新选组在京坂一带变得十分有名，来自萨摩、长州、土佐、肥前等地的志士都对这个组织十分忌惮。

到了六月，住在岛原花街的京都相扑力士勇川力藏邀请新选组的勇士到桂川捉鱼作乐。以芹泽为首的冲田、永仓、原田等二十七八人应邀而至。这些平素自负勇力的相

① 大名家中负责执行公务的人。

扑手和浪士们齐聚一堂，加之正是盛夏，所以他们都脱了个赤身裸体，开始兴奋地捕鱼，一会儿喊“抓到鲤鱼了”，一会儿又喊“这是鲶鱼”，玩得不亦乐乎。很快就到了午饭时间，众人打开食盒和饭笼，拿出饭菜，就在他们忙着填饱肚子的时候，一艘游河的拖船从桂川中驶了过来。

那艘船被拉到两岸的绳索拖曳着，飞快地逆流而上。纤夫们嗓音嘹亮地高喊着号子往上游走来。不料就在这时，纤绳突然弹过来碰到了芹泽鸭的发髻。这下就惹了大祸。只听芹泽大喊“无礼的家伙”，拔出胁差[①]“唰”地一下砍断了纤绳。随后，芹泽用绳索紧紧捆住了那个被吓得面如土色的纤夫，立在河岸上大声喊道：“那艘船给我停下！”

这时，船上传来了致歉的声音：“在下是与力[②]草间烈五郎，适才失礼之处非常抱歉。”

对方已经报名，芹泽也不能不答：

“在下乃壬生浪士芹泽鸭。”

草间与力听到芹泽报名后大惊。他从船上下来走到芹泽面前，恭敬地说：

---

① 武士随身佩带的备用短刀。

② 捕快、警察。

“原来是芹泽先生吗？刚才真是太失礼了，恳请您原谅。”他诚挚地向芹泽道歉。

芹泽原本觉得对方明知岸上的人是自己还敢如此无礼，所以火冒三丈，但这时看到草间一直低头致歉，芹泽便也让步了。他放过了被捆住的纤夫，还把捉到的小鱼之类送给草间。双方随即作别。

当日，一行人在桂川兴高采烈地玩了一整天才回去。第二天，草间烈五郎把那个纤夫绑起来，又带着美酒和十两黄金到壬生驻地拜访芹泽鸭，为前日的失礼行为一再致歉。芹泽已经完全抛却了不快，双方交杯换盏地喝起酒来。这件事就这样和平解决了。

水口藩藩士写信致歉，新选组队员岛原集结

受命在京都巡逻的新选组在京都内外的威望与日俱增。而与此同时，队长芹泽鸭的任性妄为也愈演愈烈，他时常做出一些十分极端的暴行。队员们对此感到左右为难。永仓新八就是其中之一。

当时是文久三年的六月末，水口藩的公用人拜访会津藩的公用人时，无意间说起：

“跟您谈谈最近发生的一些不寻常之事吧。新选组队员的粗暴举动颇多，有时还会给贵藩府邸造成麻烦。真希

望贵藩能采取行动管束一下啊。”

会津藩的公用人便将这件事的始末告知了新选组。芹泽听后怒道：

“岂有此理。要是置之不理的话，就是我们队员的耻辱。”

他喊来永仓、原田、井上、武田四人，命令他们：“给我把水口藩的公用人抓来。”

永仓和其他三人一同前往水口藩藩邸，要求公用人和他们一起回新选组的驻地。公用人意识到一旦到了对方的驻地，自己就会身首异处。真是祸从口出。他悔恨不已，只得不停地道歉。永仓对此不置可否，只是说：

“您向在下解释是没有用的。如果您有什么要说的，直接去向队长分辩比较好。”

这时，水口藩的祐笔也在一旁低头鞠躬说：

“责任由我来承担，这样就一定能保全贵队的颜面了吧。”

这下，永仓等人多少觉得有些难办了。但如果不把公用人带回队里的话，他们又没办法向芹泽交差。最后他们商定说：“那我们就把道歉信带回去吧”。于是让公用人写了一封道歉信，把信带了回去。芹泽拿着信看了很久，说：

“这就可以了。辛苦你们了。”

然后他立刻召集队员，将事情的经过讲给众人，又把道歉信拿出来给他们看。众人见了大笑。第二天，在京都二条街开设直真（心）影流道场的一个叫作户田荣之助的人来访说："求见永仓新八大人。"永仓立刻出去同他会面。户田对他说，希望新选组能够交还水口藩公用人所写的道歉信。实际上，如果这件事传到藩主的耳中，公用人仍然逃不掉切腹的命运。户田说，自己是公用人的朋友，想来拜托新选组让他保住性命。户田低头谢罪并请求说："事已至此，能否看在在下的面子上，把道歉信还给他呢？"

听了他的话，永仓说：

"这样啊。昨天的事情已经过去了，确实应当把信还给您。不过那封信已经给全队的人看过了，所以在下也不好独自处理这件事。事已至此，我们双方必定要一起谈一下。但是，我们驻地的客厅很狭窄。所以虽然很过意不去，但能不能麻烦您找到一处能够容纳我们全员集合的房间呢？"

户田听后大喜说：

"这样的话，烦请贵队到岛原花街的角屋德右卫门处集合。角屋'松之间'的空间足够大。"于是双方谈妥。约好再次会面后，户田就回去了。

到了第二天，新选组全体人员在岛原角屋集合。以芹泽为首的近藤、永仓以及其他干部带领一百多名浪士队员蜂拥而至，挤满了角屋的大厅。昨日同他们约好的户田荣之助这时也正好赶到了。众人坐定之后，由永仓代替芹泽对大家讲述情由。永仓询问众人如何是好，新选组全员对返还致歉信一事并无异议，信件当即被交还到了户田手中。

设酒宴禁止喧闹，芹泽鸭使气妄行

水口藩公用人递交给新选组的道歉信被交还给了调停人户田荣之助，随后他们重新布置座席，继续举行宴会招待浪士们。

坐定之后，芹泽队长对众人说：

“今日是水口藩侯招待大家，所以你们不用客气。但喝酒时不能像以前那样发生口角争吵。”说完他便自顾自地举起大杯畅饮起来。角屋二楼的这个面朝正门的房间装饰得十分华丽。酒宴之上，不但有名厨一展技艺，众人还把所有的艺妓和游女都招来作乐。所有人都在交杯换盏、纵情玩乐。盛宴上，永仓与土方岁三两人坐在同席饮酒。忽然，土方环视四座，对永仓说：

“喂，永仓，艺妓都已经如此殷勤了，但角屋的招待全都没在这里，这是怎么回事？”

永仓担心地说：

“确实。这有点不寻常。平时芹泽队长就总是不大看得惯角屋，我们还是小心一些为妙。”

时间一分一秒地过去，酒席桌上的杯盘也渐渐狼藉起来。有些人开始抓着艺妓调戏，有些人则开始唾沫横飞地激烈地争论着什么。队长芹泽鸭早已醉了，脸上又露出了往常那种不悦的神色，开始目光呆滞地瞪着眼睛环视四周。这时，芹泽也注意到角屋的招待都没在场，于是开始大喊起来。

到这时候，屋里已经到处都是争吵的声音。这里聚集的全都是性格急躁的勇士，仅凭着队长面露不悦是无法制止他们吵闹的。方才，醉酒的芹泽就已经觉得心烦意乱了，再加上看到众人对他的不悦无动于衷，芹泽终于爆发了。他猛地拿出那把大铁扇，把面前的木碗和陶器之类的东西一下子全都敲碎了。

“看，队长开始暴走了。”屋里一下子变得鸦雀无声，队员们被芹泽吓得瑟瑟发抖，纷纷忙乱地收拾了一下就全都夺门而逃了。眨眼间，富丽堂皇的房间里连个人影都看不到了，只剩下永仓和土方两个人留下来监视着芹泽的举动。芹泽的情绪越来越激动，他摇摇晃晃地来到走廊，突然抓住上楼用的梯子的栏杆，“呀”地喊着，把梯子嘎吱嘎吱地拔了出来。他把梯子夹到腋下，到楼下的账房里，猛击那里摆着的大酒樽，把樽口敲碎了。这下子，金色的清酒汩汩不断地涌了出来。芹泽连看都不看，又往洗碗处走去。他拆下栏杆上面的木棍乱打一通，把那里像小山一样堆着的陶器一类的东西打得粉碎。

芹泽大吼道："主人在吗？给我出来！"当然，没人回答他。这时，也不知是逃得慢了还是胆子太大，管理浴池的老人突然从后面探出头来。芹泽对他说：

"喂喂，本人就是新选组的芹泽。你去告诉角屋德右卫门，他太可恶了，让他给我停业整顿七天！"

说完他又大闹了一番。回到二楼后，芹泽扭头瞅着永仓和土方，狂笑着说：

"二位，今天真是太高兴了。我平时就看德右卫门那家伙不顺眼，这下总算出气了。我还要去町奉行那里，先走一步了。"说完他就出去了。永仓、土方两人过了一会儿也离开了角屋。回去之后他们把事情的经过告知近藤勇。近藤听了，抱着双臂发出一声长叹。

新选组员赴大坂，相扑力士惹冲突

文久三年，春去夏来。此时，天下局势愈加告急，志士们蜂拥前往京都和大坂。人们纷纷热议这些人的目的到底是勤王还是佐幕。此时，将军尚在京中，因此那些勤王志士无法堂而皇之地开赴京都。于是，从九州东上的志士们便驻足于大坂，联络同党，恣意妄为。时间一长，大坂的浪士人数与日俱增，町奉行对此也束手无策，只好前往京都请求新选组出面处理。

威望日隆的芹泽、近藤二人当即选出了山南敬助、冲田总司、永仓新八、平山五郎、原田左之助、井上源三郎、野口健司等勇士，又带上其他二十名队员，前往大坂。他们落脚在之前一直同他们有来往的八轩屋的京屋忠兵卫那里。

这天是六月三日[①]，正是一年中最热的时候，空气仿佛要烧起来一样。连这些豪杰都感觉热得吃不消了。芹泽提议去乘船纳凉。于是一行以芹泽为首，加上山南、冲田、永仓、平山、斋藤、岛田、野口共八人出发了。因为船中狭窄，所以永仓、冲田、平山、斋藤等人只带了胁差，穿着道场便服和裤裙，就去准备了一艘纳凉船。但是淀川水流很急，单凭船头的力量难以驾驭船只。船一会儿靠向对岸，一会儿又被冲到深水处，就这样来来往往，纳凉船最后停靠在了锅岛河岸边。

从码头处一上岸，斋藤一就说自己肚子痛。于是他们把船拴好，往河岸上的一座桥旁走去。这时一个相扑力士

① 原文为七月十五日，经菊地明考证应为六月三日。

大摇大摆地朝这边走了过来。芹泽对他说：

“靠边走，靠边走！”

那个力士傲慢地回答：

“为什么要我靠边？”

可能是因为芹泽等人穿着道场服，所以对方没认出他们是武士吧。加上当时大坂的相扑界有一位叫作小野川秀五郎的著名力士，他不仅一直霸占着大关①的位置，还时刻准备着前去勤王，统领着一群有志之士，说：“只要局势有变，就带领一队相扑力士充当攘夷的先锋。”因此，当时的相扑力士们不仅常有倨傲之举，甚至动辄做出一些凌驾于武士之上的行为。不过，这次却偏偏犯到了芹泽的头上。芹泽听了他的话，骂了句“你这家伙”，拔出腰间的胁差就砍倒了他。

一行人继续快步前行，当走到蚬桥旁的时候，又遇到一个力士对他们做了同样的举动。这下八个人同时飞扑过去将那人放倒，芹泽骑坐在他身上，用胁差抵着对方的胸口说：

“刚才我已经砍了一个人。你们竟敢对武士做出这样的无礼行为，简直是无法无天。我不是要饶你性命，放你走是要派你去传话。去告诉你们的力士同伙，以后不准再

---

① 相扑力士等级，处于横纲之下、关胁之上。

对武士无礼。”说完便把那人丢在路边，扬长而去。

那个相扑力士连滚带爬地逃了回去，如此这般地把事情告诉了其他力士。当时大坂相扑和京都相扑正在准备进行联合表演，次日正是表演的第一天，所以这时候双方力士正在热闹地进行商议。听到相扑力士的讲述，本来就群情激昂的力士们愈加激动起来。六十名力士纷纷拿起了早就准备好的预备在投身攘夷时做武器用的八角橡木棒，喊着“宰了那些浪人们”，飞奔出去追赶芹泽等人。

清辉明月住吉屋，浪士力士大乱斗

以芹泽鸭为首的新选组浪士为了照顾队友斋藤一，前往花街之内的住吉屋，上楼给他进行一些治疗。突然，他们觉察到楼外出现了异常情况，随后就听到了嘈杂的说话声和吵嚷声。芹泽不明就里，贸然拉开了二楼的门，就看见五六十个像门神一样又肥又壮的相扑力士，每个人手中都拿着坚硬的橡木棒，一个个赤着上身，满面杀气。他们嚷着：

“把那些浪人拖出来！要是敢找借口的话，就把这楼给拆了！”

眼看他们就要闯进来，芹泽藏身在月影中，朝他们大喊道：

“喂，你们竟敢对武士一再无礼！这下你们谁都别想回去，我要宰了你们!”

相扑力士倚仗人多，见对方不过是一些貌不惊人的浪人，都想拿个头功立威，便争先恐后地往房间里挤。芹泽立刻从二楼跳了下去，拔出胁差摆出了迎战的架势。楼上的山南、冲田、永仓、平山等人见了，也都跟着跳了下来，叫道：

“莫伤我队长!”

他们拔刀出鞘，摆出刀阵将芹泽护在身后，一旦有人靠近，众人就立刻挥刀砍去。

此时，月光穿透云层洒落下来，完全照亮了这里。双方一时难分进退，花街上的人全都惊惶失措，喊着“这是在斗殴啊”“是决斗”，像热锅上的蚂蚁一样左冲右突，忙乱奔逃。相扑力士们纷纷高高举起八角棒，摆出一击必杀的架势，逐步逼近。浪士们则将长刀或短刀平举在眼前，等对方的棍棒挟着风声打下来时，他们便左躲右闪，瞅准破绽便上前劈砍。有个力士用尽全力挥棒打来，被浪士身轻如燕地一闪而过。力士刚刚看清棍棒落空打在地上，这时对方的胁差早已乘虚而入，“噗”的一声刺进了他的侧腹，相扑力士笨重的身体随即摔倒在地，发出了沉闷的声响。还有一名力士被刀斜肩砍下，他“哇”的一声惨叫，一股血雾喷溅出来，随即仰天倒下。还有一个力士拖着木棒要逃，被浪士们赶上砍中后背，发出阵阵哀号。相扑力士们吓得肝胆俱裂，被杀了个落花流水，畏畏缩缩地开始逃跑。

永仓与一个看上去膂力过人的彪形大汉缠斗起来，恶战中，他的胁差被八角棒击中，愕然间胁差已经脱手，翻滚着飞到了水沟旁边。他赶忙抢步过去拾起刀来回头再战。永仓看准那个力士的破绽，砍中了他的肩头。力士自觉不敌，匆忙退走。平山虽被击中胸口，但他拼死奋勇而战，终于砍倒了对方。冲田的侧鬓被敌人打中，有血渗了出来，但他毫不在意，挥刀快得像风车一样，让对方眼花缭乱。山南则追上一个逃跑的力士，从背后砍死了对方。激战中永仓被岛田的刀尖划伤了左腕，但直到事后他才发现。

无论相扑力士多么勇猛，也不会是新选组那些脱颖而出的剑士的对手。转眼间，力士们已被浪士们杀得狼狈不堪，终于全线溃败，争先恐后地逃走了。芹泽见了，拦住队友们说“不要追，不要追”。检视众人，全员都平安无事。芹泽大喜，带领众人离开了住吉屋。

杀人反有理，因祸又得福

回到八轩家京屋的宿处，芹泽将事件的始末缘由一一告知了近藤。他们决定，无论怎样都要率先把这件事告知时任大坂奉行的小笠原大隅守[①]。他们在报告中没有提到相扑力士的身份，只是说遭到不明身份的五六十人的团伙蛮横挑衅，新选组不得已出手教训了他们，当场死亡的有四五人，负伤者有二三十人。又说，如果对方今夜还来争斗的话，就把对方全部斩杀。他们希望大坂奉行提前对此有所知晓。

奉行大惊，立即将此事详细告知与力，命其派遣人手到浪士的宿处附近加强警备。这时，相扑力士一方以熊川、山田川、千田川三位前辈的名义，向奉行汇报了昨晚被不明身份的浪人袭击，五名力士被杀、十六人负伤的事情。他们要求町奉行找到那些浪人后处死他们。

但是，通过新选组方面报告，奉行已经对此事应当如何裁断胸有成竹。他立即将三名相扑前辈招来，对他们说：

“你们所说的对手是京都壬生浪士新选组的人。按照他们的说法，是你们强行无礼挑衅，对方不得已才杀了你们的人。如果是你们挑衅武士，那么没有比这更加无礼的事情了。既然是你们无礼，那对方理应还击。这也是无可奈何的事情。”

结果，被杀的相扑力士们吃了大亏，而新选组虽然杀

① 当时的奉行应为有马则笃。

了人，却得了便宜。

这三名前辈想到，如果就这样放着不管的话，以后的情势仍然会对己方不利。因而他们决定，三人集体前往八轩家面见芹泽和近藤等人赔礼道歉，还要设宴招待他们，以便对力士的种种无礼行为一一致歉。于是，他们向浪士们献上了一樽清酒和五十两黄金。芹泽以下众人本就同对方无仇无怨，又见他们前来赔礼，大家便抛却不快，不一会儿就一起交杯换盏地喝起酒来。双方化敌为友。酒席上，他们又约好，等大坂的相扑表演结束，力士们到京都举行表演时，会由京坂两地的力士一同为新选组表演娱乐相扑。

这是后话了。表演当天有数万人参观，而让相扑力士们欣慰的是，新选组的人都非常尽兴，京都方面对他们的风评也颇不寻常。表演开始之前，芹泽考虑到应该把力士们请来招待一下，然而他们又没有钱。随后他想出了一个主意。他对驻地所在的新德寺的住持说："给我把弁天池打扫干净。"强迫对方同意后，他就单方面通知相扑力士们说已经把池塘水放干了，要他们过来抓鱼玩。到了表演当天，他便把从池中抓到的小鱼做成下酒菜，办了一个大宴会。相扑力士们虽然喝了酒，却没有吃鱼。

芹泽问："你们为什么不吃？"对方回答说，因为弁天池自古以来就是有主人的，怕事后会遭到怨灵报复。浪士们则笑道："难道怨灵还会作祟到我们这些尽忠报国之人头上吗?”席上觥筹交错，十分尽兴。由于相扑力士与浪士来往如此亲密，京都的管理也变得更加容易了。

夕雾名驰吉田屋，游女触怒芹泽鸭

文久三年的夏天，京坂两地人心惶惶，谣言四起。八月，大坂的町奉行又来拜托新选组，请他们负责市内巡逻。新选组方面，以芹泽、近藤两位队长为首，加上土方岁三、冲田总司、永仓新八、原田左之助、平山五郎、野口健司、平间重助、井上源三郎等队内干部担任负责人，率领二十名队员出发了。很快，一行人到达了大坂。他们又落脚在八轩家京屋忠兵卫处。短暂休整后，队长芹泽鸭对队友们说道：“正值天气暑热，各位屡次南下大坂，确实辛劳。我本想找些珍馐美味来招待大家，无奈如各位所知，囊中实在羞涩。现在烦请大家移步新町的吉田喜左卫门家。”于是众人结伴同往。

吉田屋是一家有名的风俗店，也就是游女夕雾和伊左卫门[①]艳闻流传的地方。正因如此，队员们都欣然前往。只有芹泽和永仓两人留在忠兵卫处饮酒。不一会儿，芹泽

① 夕雾是大坂最早的太夫（最高级艺伎），她与其情人藤屋伊左卫门的爱情故事广为流传。

便把忠兵卫喊来，对他说：

“麻烦你了。请派伙计把小虎太夫和她的陪侍阿鹿唤来。”

一会儿工夫二女就到了。席上，几人不拘小节，十分热闹，芹泽也开始说起笑话来。几轮喝下来，芹泽和永仓都醉得厉害。感觉时间差不多到了丑时，永仓不胜酒力，率先告饶说：“芹泽先生也早点就寝吧。”

芹泽的酒意已经到了十分，就立刻同意了。他调戏小虎太夫说：“把衣带解开。”“解开衣带”意味着要她在此陪宿。不过小虎并不中意芹泽，所以没有听从他的话，推托道：“要是阿鹿肯解开衣带的话，那妾身也解开。”

阿鹿本来只是小虎的陪侍，而且平时就知道小虎讨厌芹泽。她立刻明白了小虎的言外之意，断然拒绝道：

“妾身是不会解的。”

芹泽听完十分生气，大喊道：

“好了好了，你们回去吧！马上给我走！”

正当二女要下楼时，永仓挽留说：“等等。”他又转头对忠兵卫说：

“已经是深夜了，两个女子这样回去也不太好。还是在这里略睡一会儿再回去吧。”勉强让两人留宿了。

永仓一回到二楼，芹泽便大发雷霆，他高声喊道：

“永仓，那两个人太不像样了，快去给我处罚她们!”

永仓好说歹说地把他劝了下来：

“等明天一定让她们付出代价。”

于是一夜无话。

次日一早，永仓就首先授意忠兵卫：

“稍后我会带芹泽队长去吉田屋。在我到达之前，你找来十名出色的艺妓，等我们一到就把酒端出来。这样才能让队长高兴起来。”

随后他找到土方、平山、斋藤三人，把前夜的事情告诉他们，要他们等自己和队长出门前往吉田屋之后，在后面暗中跟随。几人商量，土方三人装作不经意地与队长相遇，然后再尽力平复队长的怒火。

永仓之所以如此煞费苦心地安排，是因为他考虑到，如果万一因为这种小事而让两个女子丧命的话，新选组也会大失体面的。

落花狼藉成天间，青丝断落杯盏前

尚未从前夜宿醉中缓过劲来的芹泽鸭还在因遭到游女拒绝的事愤恨不已，催着永仓新八赶快去惩罚她们。吉田屋离得并不远，他们走到门前时，看到有只狗正卧在那里睡觉。芹泽见了，挥起他那柄三百匁的大铁扇把那只狗打死了。他怒气冲冲地进了玄关，只见京屋忠兵卫带着艺妓们站成两队迎了出来。芹泽一言不发地打量了他们半天，突然举起手里的铁扇向其中一个陪侍打去，那人当场昏倒。芹泽看也不看，便和永仓一同走上二楼，进了“成天之间”。

“成天之间”就是传说伊左卫门与夕雾曾经相会的地方。房间内装饰得极其华美。这时候，暗中跟过来的土方、平山、斋藤三人也到了。他们装作是偶遇一样，问道：“队长也来这里了吗?”于是五人同席而坐。不一会儿，京屋忠兵卫进来毕恭毕敬地说：

“此间的主人吉田屋喜左卫门刚好不在。有吩咐的话请对小人说吧。”

芹泽摆起架子说：

“既然主人不在，那就对你说了。昨夜里小虎、阿鹿两人竟敢侮辱武士，实在是可恶至极。我要责罚她们，你去把她们带过来。”

忠兵卫脸上露出为难的神色，下楼走到两女身边说：

“看那个样子，他可能会杀了你们。”

她们立刻像疯了一样哭嚎起来。忠兵卫劝慰道：

“总之你们还是要上去。如果你们不去的话，这里就会再次上演京都角屋的那场闹剧。希望你们能为主人考虑一下。不过等会儿过去之后，你们就坐在我的两侧，把双手放在膝上做出驯顺的样子。如果他表现出要斩杀你们的意思，我就护住你们两个的脑袋，恳求他说‘要杀这两人的话请先杀了我’。我觉得他还不至于杀我，所以你们就放心随我上去吧。”

忠兵卫带着极不情愿的两个女子上楼，进入五人所在的房间。芹泽一看忠兵卫的样子，心下明白他是要保护这两个女子，便说道：

“本应该因为这两个女人的无礼杀了她们的。看在她们是女流之辈的份上，我就放她们一马。不过活罪难饶，就把她们的头发剃掉吧。”说着他拔出了胁差。

土方这时说：

“先生不必亲自动手。让在下来吧。”然后立即用胁差切断了小虎的青丝。

永仓刚要上前切断阿鹿的头发，平山说：

“啊呀呀，永仓，这个就让我来吧。”也上前把阿鹿的头发齐根切断。

忠兵卫将二女的黑发呈到芹泽面前，便带着被吓得面色苍白、浑身战栗的两个女子告退了。这时，之前就招来的十名艺妓出现了。芹泽命人备酒，道：

“今天来此本不准备饮酒了。现在就把这头发当下酒菜，喝一杯吧。”

他打开洗杯皿，往里满满地斟了一碗酒，然后说敬各位队友，把酒一口喝光了。随后芹泽就离开吉田屋，喊着那十名艺妓一起到对面的风俗店里大闹了一通。永仓找了个时机抽身离开，回到吉田屋一看，小虎早已被带到熟识的町人[①]那里了。永仓便把阿鹿送到自己的老家去，不久之后，她也嫁给了一个町人。

芹泽鸭自取灭亡，近藤勇接管浪士

芹泽鸭身为负责将军护卫、京都巡逻的新选组队长，素常的暴行反而愈演愈烈。这让他终于横死在了队友的手中。

此前，芹泽将岛原花街角屋之中的珍贵器物砸了个粉碎，还无端命令角屋主人德右卫门停业七天。在大坂新町的吉田屋，他借口小虎太夫不顺己意，就连同小虎的同伴阿鹿一起刁难，切断了两人的头发。随后，他见四条堀川的商家菱屋之妻阿梅颇有姿色，又霸占了她做自己的小妾。到后来，芹泽几乎每天夜里都在岛原一带使气妄行，只要稍有不如意，他便拿出自己那把三百匁的大铁扇啪啪地打人，还随随便便就拔刀出鞘。然而，另一位队长近藤勇虽然也是骁勇之士，却从来不会一时兴起就操刀弄剑。芹泽却往往是为拔刀而拔刀、为斩杀而斩杀，常常堂而皇

① 江户时期对城市中的工匠、商人的统称。

之、独断专行地对人痛下杀手。近藤无法理解芹泽武断蛮横的行为方式。所以，不知不觉间，近藤和芹泽两人之间出现了一道深深的鸿沟。近藤终于下定决心挥泪斩芹泽，以此来挽回浪士队的颜面。

一山本就不容二虎，浪士队中早已自动分成了相互对峙的两派。近藤一方有土方岁三、山南敬助、冲田总司为翼助，而芹泽则有与他同样出身于水户藩的新见锦作为左右手。后来，近藤总算利用队长的威势制住了蛮横的新见锦，历数他的种种恶行，命他在祇园的风俗店“山绪”之中切腹。芹泽失去了左右手，心绪愈加不宁。他开始完全不问队务，没日没夜地到处恣意妄为。近藤终于决定采取最后的行动了。

文久三年九月十八日夜里，新选组在岛原角屋召开大会，会议结束后，又举行了盛大的宴会。大厅顿时变成了酒池肉林，靡靡之音绕梁不绝。近藤计划当夜处决芹泽，他告知土方、冲田、藤堂、御仓伊势四人，等芹泽烂醉之后即行暗杀。

芹泽当晚与平山、平间二人同席，之后三人一同回到驻地。芹泽搂着自己的爱妾阿梅，平山带着桔梗屋的美妓小荣，平间则与轮违屋的美妓丝里一起，几人重新摆酒共饮起来。随后土方也跟进来，别有深意地屡屡向芹泽劝酒。最后，那三人已经醉得几乎坐不住了。正在他们快要躺倒的时候，冲田和其他四人闯了进来，拔刀朝他们砍去。不过，芹泽毕竟并非等闲之辈，不会这样不明不白地被人轻易杀掉。他猛地操起枕边的大刀，一跃而起同几人奋战，最终寡不敌众，倒在了乱刀之下。平山被刺穿喉咙而死。女人之中却只有阿梅被杀，小荣、丝里二女与平间都奇迹般地逃得了性命。次日，近藤向会津家报告说："有强盗闯入，杀死了芹泽。"

暗杀之时，永仓新八以及其他队员仍在角屋。在这次行动中，他并没有从属任何一方，不过接到急报后便火速归队了。这样，新选组的大权便掌握在了近藤勇的手中，土方岁三担任副长，他们整饬队务，让新选组的威望更高了。

【解说②】从浪士队到新选组

文久三年（一八六三）二月二十三日傍晚，浪士队抵达京都三条大桥。虽然近藤在给小岛的信中写道："二十三日顺利抵京，一路无事。"但实际上，负责在途中安排住宿的近藤在安排芹泽一伙的住处时出现纰漏，结果上演了令他颜面扫地的一幕。此后，近藤在芹泽面前一直都抬不起头来。

浪士队分宿于壬生村各处。《浪士文久报国记事》中记录："宿舍定在壬生村的前川庄司家中。鹈殿鸠翁大人住在南部龟二郎家。目付、管理、调役三职人员与清河八郎住在新德寺正殿中。芹泽鸭一队住在八木源之丞家的别栋之中，近藤勇等人也住在此处。全体人员谨慎守礼地住了下来。”《新选组始末记》中记述佐佐木只三郎和清河之弟斋藤熊三也与浪士队一同上洛，但这并非史实。

上洛当夜，清河便将核心人物聚集在新德寺正殿，宣布浪士队的目的并非护卫将军，而是“尊王攘夷”。随后便到御所学习院[①]上书。幕府对此非常震惊，终于明白了清河组织浪士队的真意。

二十八日，被任命为六番组组长的近藤接到了浪士队拜谒御所的特别许可。拜谒御所的注意事项中规定在参观时必须有工作人员跟随，并且不能妨碍到他人，讲到“不得靠近酒家及他人之家，请知悉”（「廻状留」）。也就是说，严禁浪士们靠近他人之家特别是酒馆，以此向他们强调这次拜谒并非游山玩水。

近藤对拜谒御所一事一定是心生感激的吧。他吟咏道：

我与乡人共待诏，此心尊皇不能已。[②]

① 江户时期末期由朝廷设置的官方教育机构。

② 事あらば　われも都の　村人と/なりてやすめん　皇御心。

从这首和歌里，我们能看到“尊王敬幕”，也就是崇奉天皇同时尊戴幕府的水户学[①]精神。

清河则依然主张大义，信奉“不失仁义者何畏人言，不灭正气者何惜一死”。他为了再次向学习院上奏建议书，又在新德寺举行了集会。此时，幕府散播谣言说外国人闯入了横滨，希望以攘夷的借口让浪士队返回关东。清河与近藤等人因此而决裂，双方白刃相向火拼起来。河野音次郎居中调停，最后清河只好放任近藤等人留在京都。

清河几乎将浪士队全体成员带回了江户。三月十二日，近藤等留在京都的人自称壬生浪士组，归于京都守护松平容保麾下。根据《新选组始末记》的记载，当时第一局长是芹泽鸭，其次是新见锦、近藤勇。副长为山南敬助、土方岁三二人。助勤是冲田总司、永仓新八、原田左之助、藤堂平助、井上源三郎、平山五郎、野口健司、平间重助、斋藤一、尾形俊太郎、山崎烝、谷三十郎、松原忠司、安藤早太郎十四人。岛田魁、川岛胜司、林信太郎三人担任调役，岸岛芳太郎、尾关弥平、河合耆三郎[②]、酒井兵库四人担任会计。

---

① 江户时期水户藩出现的一种政治思想流派，以儒学为中心，结合日本国学、史学和神道而成，在当时影响很大。

② 前文中记作“河井耆三郎”。

京都守护松平容保不仅负责管辖京都，也拥有畿内[①]地区的军事指挥权。近藤等人为了筹措资金，前去拜访大坂的富商鸿池。由于芹泽强行向对方借钱，他们被人嫌弃地称为“壬生狼”。他们拿着这笔资金，到京都大丸和服店定做了类似忠臣藏服装的印染了山形条纹的羽织。队旗则在饭田和服店（高岛屋）定制，旗上绘有“诚”字。

文久三年八月十八日，京都守护要求出动浪士组，并且要他们作为会津藩兵的一员，穿上会津藩的服装前去完成任务。他们圆满地完成了任务，于是朝廷的“武家传奏[②]赐予其新选组的队名”（『島田魁日記』)。

① 指京都周边的山城国、大和国、河内国、和泉国和摄津国五国的总称。

② 日本古代官职，由公卿担任，负责为朝廷传达武家奏请。

池田屋袭击

生于水户藩，绝食囹圄中

横死于队员之手的芹泽鸭虽实乃咎由自取，但也令人惋惜，毕竟他确是一位颇有作为之人。作为常州[①]水户乡士，他生于真壁郡芹泽村，为有志勤王的豪杰武田耕云斋所赏识倚重，成为著名的天狗队[②]的一方首领，麾下率领着三百名队员。他具体的成长经历已不可考，不过，芹泽确实是在水户藩的环境中长大，这让他产生了强烈的勤王思想。据说他经常大呼攘夷，为国事痛惜不已。

芹泽原名下村继次。他率领天狗队队员驻扎在常陆的板子宿时，有三名队员与自己的意见发生了冲突。芹泽便

① 即后述常陆国，日本古代令制国之一，范围相当于现在的茨城县。

② 即天狗党，水户藩的尊王攘夷组织。

强行说他们违反法令，以他那种粗暴武断的方式斩杀了三人。后来，在参拜鹿岛大神宫时，不知什么事又点燃了他的暴脾气，芹泽便用他那柄大铁扇敲破了挂在前殿的大太鼓。身为天狗队的一员，芹泽本来早已被幕府当局盯上，加之他又直接引发了种种事件，故而被召到江户，随后又被带到位于龙之口的评定所①。

当时的奉行讯问他：

“打破神宫中的大太鼓是无礼至极的行为。你还有什么可说的吗?”

芹泽答道：

“在下确实敲破了太鼓。但在下本为尽忠报国之士，为敬神之念所驱使，前几日去参拜鹿岛大神宫。当时感铭至极、不能自已，所以才用铁扇敲破了太鼓。”

“那样的话，还有问题要问你。曾有三个人被你独断地杀掉了，而且他们还是你的部下。如果有正当理由的话，为什么没有将这件事上报呢?”

芹泽被这个问题噎住了。最终他也没有找到足以辩解的理由，被判处死刑关进了牢房。可见无论是怎样尽忠报国之人，都不能逾越法度。芹泽在牢中决定绝食而死，因此对那些每天送来的饭团看都不看。他还割破右手的小

---

① 日本近代以前的司法审判机关。

指，用血在草纸上写下了辞世句①：

雪中百花不及梅，花落还闻一段香。②

芹泽将诗句贴在牢门上，然后盘膝打坐，静待死期。

当时，武田耕云斋正在京都，听说芹泽被关入牢房，便去请求敕命赦免他。而另一边，清川八郎的献策被采纳之后，幕府对天下勤王之士实行了大赦。于是，芹泽意外地得到了恩命赦免。出狱后，他立刻回到了故里同父母妻子见面。此后，芹泽愈加坚定了投身勤王大业的决心，他在村名“芹泽”之后加上“鸭”字作为自己的名字，带领天狗队时代的队友新见锦、野口健司、平山五郎、平间重助等人动身前往江户，拜会了山冈铁太郎。当时，羽州出身的豪杰清川八郎正在热心地募集尽忠报国之士，近藤勇等其他志士们都前往应募。芹泽等人也立刻响应，随同浪士队奔赴京都。

永仓新八第一次见到芹泽是在全体浪士到传通院学习院集会的时候。那时候，就连首领清川八郎也要对芹泽退避三舍，众人都喊他“先生、先生”。芹泽没有预料到，颇有才

① 指死前吟诵的汉诗、偈、和歌等短诗。

② 雪霜に色よく花の魁けて、散りても後に匂ふ梅が香。

干的自己居然会在国家的多事之秋不明不白地被人轻易杀掉。当时的有识之士一致认为，芹泽的死是国家的损失。

萨长争权，七卿失势

近藤勇作为队长掌管新选组之后，在对付长州志士时手段尤为狠辣。当时，京都已经成为时局动荡的中心。随着萨长二藩与会津的势力斗争，双方在朝廷中的权势此消彼长，难解难分，酿成了许多风波。新选组遵从会津藩的命令，以巡逻的名义探查诸藩的动向，若发现有企图对幕府不利的人，便对其采取暗杀、逮捕等高压手段。因而，志士们对以近藤为首的浪士们积怨颇深。

然而，随着岛津侯入京鼓吹朝幕合体，萨摩藩的势力在朝廷中渐渐壮大起来。随后毛利侯也入京，倡议攘夷，长州藩的势力也立刻出现增长之势。于是，长州藩便想将萨摩藩的势力从京都驱逐出去。而会津藩则周旋于两方之间，唯恐失势。文久三年五月，姊小路少将遭到暗杀，经查是萨摩人田中新兵卫所为。[①] 朝廷随后罢免了岛津侯的宫门宿卫一职，命毛利侯接任。这就意味着萨州已经失去朝廷的信任。此前，两家势力还在协力合作，而此事一

① 即朔平门外之变。

出，双方立刻变得水火不容。毛利侯联合三条实美等在朝廷中颇具影响力的公卿，提议天皇“亲征外虏”。其声望甚至盖过了朝廷。

而担任京都守护要职的会津侯观望两藩势力，认为毛利家终归要对幕府不利，于是联合略显失势的萨摩岛津家，企图绞杀毛利势力。八月十八日黎明，会津藩派兵保护中川宫[①]入宫参觐，上奏道：

“长州心怀不轨，欲夺取人事任命之权，妄图挟持天皇作乱。”

此计奏效了。毛利家在堺町门的警卫立刻被解除，交由会津、萨州的军队接管。三条卿等人也被命停止参与国事。他们又在朝中内外宣告：“亲征外夷并非圣意，乃无谋暴臣矫诏而已。”形势随即一变，毛利家的声望急转直下，只好饮恨归藩。

这就是著名的七卿失势的悲剧。在毛利侯离京的同时，三条中纳言、东久世少将、锦小路右马头、西三条中纳言、泽主人正、壬生修理大夫、中山大纳言七位公卿在天诛组[②]的保护下，同桂小五郎（后来的木户孝允）、坂本龙马、江藤新平、平野次郎等著名志士一道，身披重

① 即久迩宫朝彦亲王（1824～1891）。

② 幕末时以公卿中山忠光为主将，由尊皇攘夷志士组成的武装集团。

铠，离开京都，暂避在大和国[1]的十津川。

当时芹泽鸭还在世，新选组对政变并不知情。会津藩的公用人野村佐兵卫前来向全体壬生浪士传令说：

“长州藩离京，命新选组前往御所，依令执行警备任务。”

芹泽立即召集了八十名队员，将其分为两组。队伍以那面六尺见方的大旗——红底上面绘有白色“诚”字——开路，威风凛凛地开赴御所。不一会儿，新选组队伍抵达蛤御门。御门一带已经被会津藩守住了，那些藩士并不认得新选组，便在垛口架起枪炮，没有放他们通行。

会津藩士死守蛤御门，长州刺客卧底新选组

受命出动前往防守御所的新选组队员们抵达了蛤御门。防守城门的会津藩藩士甲胄整齐，望见芹泽鸭、近藤勇、新见锦三人径直走上前来，便晃动枪穗，喊道：

“来者何人？报上名来！”

近藤勇、新见锦二人见了，不由得胆怯起来。而芹泽不愧是芹泽，他坦然大声答道：

“吾等乃会津侯麾下之新选组壬生浪士。汝等若胆敢

---

① 日本古代令制国之一，范围相当于现在的奈良县。

无礼，将会追悔莫及。”

新选组一行心中渐生杀气，做好了不惜动武也要强行通过的准备。正在这时，公用人野村佐兵卫赶到了：

“哎呀哎呀，芹泽先生，都怪在下疏忽，没想到让各位遭到冒犯了。还望不要深究此事，就这样过去吧。”

然后又警告藩士们，让他们为新选组带路。最后新选组被安排到御花田固防。

此时，各路诸侯已经被派去防守九门①，而御所则交由会津、桑名、一桥三家执行警备。众人摆出了倘若长州藩离京时出现任何不稳举动，便不容分说地一同进攻的架势。所以长州藩中那些心怀不满的人并未轻举妄动，平静地离京了。新选组队员们本来摩拳擦掌，准备大战一场，见此情况也只好意兴阑珊地回到驻地。这次行动便是芹泽鸭的最后一次出场。正如前文所述，三天之后，芹泽横死。

近藤勇接管组织的同时，新选组也招来了长州藩志士的忌恨。志士们认为，近藤勇这伙人在京都不断发展壮大，这将让他们很难在京都顺利起事。于是，桂小五郎在同志中选出御仓伊势武、荒木田左马之助、越后三郎、松井龙次郎四人作为卧底刺客，授之以密计，派他们暗中潜

---

① 御所九门分别为：今出川御门、石药师御门、清和御门、寺町御门、堺町御门、下立卖御门、蛤御门、中立卖御门、乾御门。

入京都。

这四人长途跋涉，分头抵京。八月二十五日，他们前往壬生村新选组驻地求见队长近藤勇。近藤对此未加思虑，立刻接见了他们。他问道：

“请问各位有何来意？”

四名志士答道：

“我们四人原是长州天诛组的队员，但对藩中的勤王主张抱有异议，因此脱藩上洛。我们听说新选组正在为实践勤王之论而不断努力，所以希望您能允许我们四人加入，共同为勤王之事效力。这就是我们的来意。”

近藤装作对他们的话坚信不疑的样子，当场同意了他们的加盟。他喊来岛田魁说：

“今天有四名志士加盟。请为他们带路。”

近藤吩咐岛田带他们到前川庄司宅邸的驻地。望着四人离去的背影，近藤的眼中闪过了一丝异样的神色。不过那四人并没有觉察到他的防备之心。过了一会儿，近藤将永仓新八等四人唤来，专门提醒道：

“不要对他们掉以轻心。”

过了两三天，队长近藤将四名新人招来，授以他们“国事侦查”的职务。又交给他们一百两黄金作为临时津贴。

近藤说：“队里还有多余的制服，快去穿戴整齐吧。”又许诺给四人诸如可以自由出入等一些破格待遇。

志士游祇园，永仓险遇刺

长州志士御仓、荒木田、越后、松井顺利潜入了新选组，企图伺机刺杀以近藤勇为首的人，为长州藩清除绊脚石。新选组方面已经察觉到四人的可疑，因而丝毫没有对他们掉以轻心。特别是得到队长密令的永仓新八等数名密探，他们随时监视着四人的一举一动。近藤提醒几人“不要对他们掉以轻心”，倘若发觉四人露出哪怕一点可疑迹象，永仓等人就会去向队长详细地汇报。又过了数日，九月二十五日这天，四人前往公卿大原三位的府邸。永仓和中村金吾见了，也要和他们同行。结果，一行人并没有去大原的府邸，而是在中途拐去了一家名为“池龟”的饭馆喝起酒来。

几人喝酒的时候，四名志士一个两个地找借口出去，不一会儿，四人全都不见了。永仓觉得可疑，便装作去上厕所的样子，朝一楼的客厅走去。下楼后，永仓发现那四人聚在一楼的一个房间里，正在跟八名自己从没见过的武士悄悄商量着什么。永仓暗暗点头，随后轻手轻脚地回到楼上，不一会儿，那四人也若无其事地回来了。然后他们频繁地向永仓劝酒，别有用心地说道：

“永仓，来来，再喝一杯。要不就让中村先回队里如何?”

永仓笑着不答,胡乱应付了过去。接着,几人又前往祇园,正在他们说笑打闹着走上“一力亭”的时候,荒木田左马之助提议道:

“喂喂,各位,我们把大小佩刀解下来寄放在主人那里吧。”

永仓心中起疑,但也不好当场拒绝,只好听从荒木田的话,解下腰间佩刀交了出去。随后,永仓上到二楼,中村则留宿在一楼的房间。永仓见自己的房间只有一个出口,确实不太适合作战。他暗自筹划,如果那几人持刀闯入的话,自己就只能抢先飞身过去夺下对方的刀来战斗。随后,他佯装酒醉,睡下了。

大约到了丑时三刻,本应睡在一楼的中村悄悄爬上楼来,提醒永仓说:

“永仓,现在的情况虽然一下子说不清楚,但请不要大意。”

不一会儿,出外巡逻的冲田、井上、原田、藤堂、岛田等十名队员担心永仓,上楼问道:“永仓没事吧?你一定要把那四个人带回队里。”这时中村再次上楼来告诉他:“那四个人和在‘池龟’遇见的七八个武士一起,商量着要暗杀您。”

他们似乎不太愿意给“一力亭”造成混乱,所以商量着在外面暗杀永仓。永仓做好了随时同他们战斗的准备，一直等到天亮。只见那四人一拥而入，催促他道：

“永仓，已经天亮了，我们回去吧。”

随后几人一同出门。路上永仓一直暗自留神，四名志士虽然几次试图拔刀暗杀，但由于路上行人很多，最终还是没有找到出手的机会就回到了壬生村。

长州志士遭清洗，幕府封赏新选组

新选组队长近藤勇与副长土方岁三商议，计划将四名长州志士留在队里，监视他们的举动，以此来探知潜伏在京都的长州藩党羽的所在，然后再将其一网打尽。然而，九月二十五日夜里，发生了永仓新八与中村金吾在祇园“一力亭”险些遇刺的事件。近藤听了此事的报告，命令永仓：“不能再对他们置之不理了。立刻杀掉他们。”永仓答应一声，起身找上斋藤一和林信太郎二人，首先前去对付住在前川庄司宅邸的御仓伊势武和荒木田左马之助两人。

此时两人做梦都想不到自己即将遭到处决。他们正漫不经心地坐在走廊里，叫理发师帮他们修整月代①。永仓

① 成年男子把前额至头顶中部的头发剃掉的部分。

一见，立刻默默转到了两人的身后，回头给斋藤和林使了一个眼色。斋藤和林见了，便分别走到了御仓和荒木田的身后，一齐“呀”喊了一声，将胁差捅入二人身体，直没及刀柄。那两人惨叫一声，还没来得及把腰间的胁差拔出来迎战就当场死掉了。血雾迸出来喷了两个理发师一身，他们还以为是自己被捅了，吓得瘫软在地，半晌爬不起来。与此同时，冲田总司和藤堂平助一起，到另一个房间去杀越后三郎和松井龙次郎。他们刚一踏进房间，那两人似乎早已有所察觉，当即撞破另一边的窗户跳了出去，翻墙逃走了。

此前永仓新八并不知道新选组队内还有其他长州藩间谍。不过冲田却有所觉察，他提刀高喊：

“屋中还有他们的同党，各位别大意！”

令人意外的是，楠小十郎和松永主计两个人听到后，脸色一下就变了。两人跳了出来。

众人叫道：“别让他们逃了！”在后紧追。

原田像飞鸟一样追在楠的身后，轻而易举地就把他抓了回来。井上源三郎追赶松永，见松永跑得飞快，一时难以追上，嘴里喊着“哎，真麻烦啊”，抽出腰间大刀，赶上几步朝他砍去。不知松永运气究竟有多好，竟然只被井上在背上砍出一道竖刀伤，最终还是逃走了。这一边，大家本来想要把被俘的楠小十郎带到队长近藤勇面前，但小十郎百般狡辩，赖着不走。脾气暴躁的原田左之助见了，不禁气得双眉倒竖，他拧腰上前，唰地一下就把小十郎的人头砍下来了。桂小五郎的一番苦心就这样化作泡影。

此前长州藩撤离京都之时，新选组曾参与防守行动，所以也得到了将军家的赏赐。新选组队长获赐大御番①头的称号，每月有五十两俸禄。副长同样获赐大御番头称号，每月俸禄四十两。副长助勤得到大御番组的称号，每月俸禄三十两。助勤以下各队员也都获赐相应的称号和俸禄，即使是普通队员也都称大御番组，每月有十两俸禄。他们不仅受命负责监管在京都府内作乱的浪人，还获得了生杀予夺的特权。因而，在那些潜伏在京都、大坂的志士眼中，新选组队长威势极盛，简直如同鬼神一样令人畏怖。

遭突袭古高被捕，烧御所阴谋败露

新选组在繁忙中度过了文久三年，迎来了元治元年。在此前一年的秋天，幕府给了颇有声望的新选组相当高的地位，还赐予他们生杀予夺之权。因而新选组的威势更盛，在京都府内执行巡逻与监管任务时，执法也愈加凌厉

---

① 幕府的常备军之一。

严苛。

春花易老，新叶渐绿，令人眷恋的夏天到来了。

这段时间，新选组派出去打探消息的手下频繁回报，说有相当数量的长州志士变装潜入了京都。特别是在四条寺町贩卖马具的枡屋[①]的主人，这个人本来就是长州出身的商人，大约有七八名长州人打扮成伙计的样子潜伏在他那里。新选组了解到，这些人正在筹划着什么不同寻常的阴谋。这伙人以桂小五郎的同党、著名的长州志士古高俊太郎为中心，决心为倒幕事业献身。他们想要用尽一切办法恢复毛利侯在朝廷中的信望，让长州藩再次左右天下舆论，因此潜入京都，以待时机。

收到回报的新选组得知以上情况后，在六月五日这天，派出以冲田总司、永仓新八、原田左之助、井上五郎为首的二十余名队员，突袭包抄枡屋的前后入口。他们同时闯入屋中，意图将里面的长州志士一网打尽。不过这些长州志士也非同小可，他们早已料到可能会遭遇这样的情况，所以早就安排好了退路。于是，在千钧一发之际，这些志士立刻躲藏了起来。只有古高俊太郎在事发时赶着烧毁一些秘密文件，逃得慢了，所以被新选组抓了起来。队员们仔细地搜查了枡屋，不过再也没发现其他任何人。他

① 原文为“近江屋”，有误。

们随后查封了仓库，带着古高回到了壬生的驻地。

队长近藤勇亲自审问古高，但古高早就是抱着必死之心上京的，所以不管近藤如何审问，他都一言不发。即使遭到严刑拷打，后背鲜血淋漓，甚至牙关紧咬痛得晕死过去，古高还是一声不吭。副长土方岁三实在拿他没办法，便想出一些非刑手段来。首先他把古高两手从后面绑住，倒吊在房梁上，然后给他的脚钉上五寸钉，再立起一根点燃的百目蜡烛①。转眼间，蜡油像黏稠的热铅一样从古高的脚心流下去，滴滴答答地黏在他的小腿上。即使是一心求死的古高也难以忍受这种残酷至极的折磨，挣扎了小半个时辰后，他终于开口，招供出了志士们的密谋。

他们的阴谋是：在六月二十日，与桂小五郎一同从长州上洛的全体志士约定在某个时刻到御所放火；火攻开始后，再趁着混乱剪除岛津侯和会津侯以清君侧；然后诚惶诚恐地请天皇移驾长州藩，奉天子以令诸侯。

土方催问道："那之后呢？快据实交代你同伙的潜伏地点！"古高恨恨地咬着牙，把情况都讲了出来。他说，曾经在祇园那边暴露行迹的大部分都是长州人。打着膳所藩和水口藩的名义住在三条大街旅店里的武士也大部分是

---

① 每根重达一百匁（约375克）的蜡烛。

长州人，还有一些是策划这次阴谋的同党。

听到这个阴谋，连近藤都觉得十分震惊。

新选组一战扬名，池田屋血祭维新

听完长州志士古高俊太郎的招供，新选组队长近藤勇吃惊匪浅。刻不容缓，他一边火速将事件的经过上报会津侯，一边立即通知队员，命他们穿上浅葱色羽织的队服前来集合。近藤连着装都考虑到了，可以说准备得相当周全。众人全副武装，等待会津藩的指令，但命令迟迟没有下达。到了傍晚时分，为了能够尽快将古高招出的长州人一网打尽、从京都清除出去，新选组便不等会津藩的指示，独自行动起来。他们兵分几路前往町会所[①]打探消息。从祇园大道往三条大道方向走时，一路并没有长州志士出现。但当队员们无意中往三条小桥附近的池田屋惣兵卫处望去时，终于发现有二十多名长州志士正聚在屋里热议着什么。

这一天，参与火烧御所阴谋的吉田稔麿、北添佶麿(摩)、宫部鼎藏、松田重助等人听闻古高俊太郎被捕，十分震惊。于是他们写信通知同党在池田屋集合，商讨善

① 江户时期城市中的一种自治机构。

后事宜。其中，大部分人认为古高已将个人生死置之度外，相信他绝不会将志士们的行动招供给新选组。众人对此意见一致，这时正在讨论当月二十日的行动计划。

近藤勇把队员们分成两组，分别把守住池田屋的前后两门。随后队长近藤一马当先强行闯入屋中，冲田、永仓、藤堂三人紧随其后。此时夜幕方临，凉风从鸭川吹来，拂过三条小桥，点亮了京都的街灯，行人三三两两地聚在一起，一片热闹景象。路上往来不绝的人们并不知道，那场拉开了幕末史序幕并让后人闻之色变的池田屋袭击就在此刻即将上演。

队员们借着纸灯笼的光亮，发现池田屋的屋檐下倚着十挺火枪。冲田见了，上前手脚麻利地用绳子把火枪捆了起来。近藤来到玄关门口，威风凛凛地喊了一声：

“主人在吗？奉命搜查！”

他一边注意着四周的情况，一边走了进去。

池田屋主人惣兵卫本来就是长州出身，在京都也经常受到长州志士的关照。他看到近藤进屋，大惊失色，急忙跑到楼梯口要通知众人。惣兵卫想要高喊“各位，有人来搜查客人了”，但还没来得及说完，便被近藤从身后一拳打中，当场昏倒。

在二楼的二十余名长州志士正围坐着议事，突然听到惣兵卫的喊声，大吃一惊。众人目目相觑，随后说道

“事已至此”，便纷纷拔出刀来，作势欲砍。

上到二楼的近藤勇见了，虎目圆睁，目光如炬地怒视着他们，吼道：“你们胆敢无礼！”

二十余名志士一见，心生胆怯，纷纷持刀从楼顶跳到中庭，四散而逃。楼下的冲田、永仓、原田早已等候多时，三人摆出架势，只要有人拒捕便当场格杀。一名志士举剑对准冲田冲了过来，二人交手不过两三个回合，转眼间已被冲田砍死。长州的人此时知道前后门均已被新选组守住，只好在狭小的屋内胡乱逃窜。此时，会津、桑名二藩陆续派出的增援也已经赶到，远远地包围了池田屋。二十余名志士此时只得拿出穷鼠噬狸的气势，鼓起勇气挥起大刀冲了过来。

永仓恶斗立殊勋，万人侧目新选组

此时的长州志士已抱定必死之心。看到敌人朝这边冲过来，里屋的近藤勇与冲田总司、外屋的永仓新八和藤堂平助都摆出了厮杀的架势。这时，永仓发现一名志士正要逃走，连忙追了上去。那名志士看到枪术高手谷三十郎和原田左之助正守在正门附近，如果跑过去就会被二人用枪刺中，只得先回过身来对付追来的永仓。

那人把刀高高举过头顶，“嗨”地喊了一声，挥刀劈砍下来。平举着刀的永仓卸开这一刀，再喝一声“上半身!”① 一刀砍进了对方身体。那名志士发出“哇”的一声惨叫，当即倒地。永仓上前补了一刀，将他砍死。随后，永仓再度返回走廊寻找敌人，见一名志士猛地闯到正门口，但被谷三十郎用枪刺中，退了下来。永仓赶上，一刀了结他的性命。随后，永仓又发现了一个顺着走廊逃到厕所里的敌人，他大喝一声，从身后砍死了对方。

这时，永仓回头看到了藤堂平助。刚才一名敌人突然从暗处跳出来，一刀砍中了藤堂的眉间，血淌下来流到了他的眼睛里。藤堂的动作顿时变得十分迟滞。永仓见了，立刻上前相助。他以刀斜刺，冲过去叫道“手臂!”一刀砍向敌人的右臂。不过对方也十分了得，说一声“岂如你愿?”便闪身避开，随后，那人弃了藤堂，挥刀砍向永仓。不过他用尽手段也没能击中永仓。二人都奋力死战。敌人的刀刷刷地划过永仓胸口，虽然没有伤到他，却把他的衣服割得破破烂烂的。正在此时，那名志士“呀”的一声喊，又挥刀砍向永仓的前臂。这一招正中永仓下怀，他卸开这一刀，施展绝技还击，这一下十分漂亮地从敌人的左颊一直砍到了脖子。只见血雾喷出，对方应声而倒。永仓重新提刀上前，给敌人补上了最后一击。永仓用力过

① 剑道攻击时，会喊出准备攻击的目标部位。

猛，这一刀直砍到了地面上，不料这块地面是三合土，刀刃“啪”的一声折断了。永仓便捡起敌人丢在一旁的刀，这时，他突然觉得自己左手有种黏糊糊的感觉，仔细一看，原来自己的左手拇指根部被刀刃割伤了。

池田屋二楼，永仓新八曾在此激战（老照片）

与此同时，冲田在与敌人恶斗时因旧患肺疾发作而倒下。几人便把他和眉间负伤的藤堂抬到了外面。这下，屋中只剩下了近藤和永仓两人，近藤勇正独自同四五名志士奋勇缠斗，无法前来支援陷入苦战的永仓。正在此时，担心队长情况的原田左之助、井上源三郎、武田观柳斋等队员冲进屋内，开始进行扫荡。八名志士见他们闯入，只得弃刀就缚。井上又刺死了一个逃到二楼天井之上的人。只有五个人从正门逃脱，但随后还是死在了会津、桑名两藩的刀下。

等完全将池田屋中的敌人清理完毕，近藤勇便命队员们排成两列，率队离去。这时，围观的人潮如同雪崩一般地挤满了从池田屋到壬生村沿途的路旁。藤堂平助躺在担架上，永仓又浑身浴血，人们看到如此震撼的场面，就喧闹着慢慢退去了。市中的流言数日不断。此战之后，新选组得到了十分丰厚的慰劳奖赏。不仅朝廷赏赐给他们黄金百两，会津侯也赐予他们五十两黄金。

池田屋遭毁，众志士受刑

池田屋上演了无比血腥的一幕，战斗结束后，屋中的景象实在是惨不忍睹。所有的门窗无一幸存，全被砍得粉碎。由于战斗之时有人躲到了天井里，所以天花板也被人从下面用枪刺得破碎不堪。楼上楼下的房间里到处血迹斑斑，榻榻米都被鲜血染红了。更加令人不忍直视的是地上散落的那些断掉的手脚，还有带着头发的头皮，这些都是厮杀时被砍下来的。

不仅池田屋变成这样，这里的主人惣兵卫连同他手下的奴婢用人也全被带走、遭到严刑拷问，被逼着讲出逃走之人的姓名。当日被杀之人的尸体被搬运到了三缘寺，由于死者身份不明，所以就只好暂时堆在一起。数日之后，才有人带着池田屋的人来这里辨认死者的身份。后来，池田屋的主人惣兵卫受不住非刑拷打，暴毙狱中。

被捕的志士们的结局也相当惨烈。一开始，他们全被投入新牢，随后又被带到了叫“对之间”的房间。一个名叫西川正义的志士，被人从怀中搜出了写有“斩杀奸魁某王”内容的信，所以这个人遭到的审问最为严酷。西川在审讯所里交代，信中的“奸魁”指的是中川宫，这封“斩奸状”是土佐人本山七郎托他所写的。

十二日，在池田屋事件的前几天被捕的古高俊太郎也被关进了同一个牢房。得知自己的招供导致很多志士被杀被捕后，古高露出了悔恨至极的神色，此后郁郁度日。他在七月的禁门之变时遭到斩首。西川正义则是在次年，也就是庆应元年的二月十日，病死在狱中。此次的阴谋背后还有一些强大的外藩以及在野志士的支持，绝不是长州志士单方面的轻举妄动。由于这次的阴谋提前败露、以未遂告终，故而人们在给这件事盖棺论定时，仅仅把它看作维新史上的一件小事。但是，倘若那些阴谋者们万事俱备、最终起事，明治维新的大局至少会提前一年确定下来。而且，如果不是新选组在池田屋攻击中取得完胜，那么德川幕府的寿命也会相应地提早终结。

池田屋事件之后，浪士们但凡认为长州藩的其他人物有丝毫可疑之处，就会毫不留情地逮捕他们，到后来，京都六角的牢狱都没有空房了。大部分志士在之后的七月兵变时被斩首。这些人甚至都没有被仔细审问，就沦为残酷的牺牲品，实在可叹可惋。新选组方面，在此次恶战中英勇战斗而不幸负伤的冲田总司、藤堂平助等人在队员们的悉心照顾下很快就恢复了元气。在战斗中立下殊勋的永仓新八受伤很轻，不日就痊愈了。就这样，新选组又投身到追捕残党的工作之中，像以前一样终日奔走在京都内外。

【解说③】死亡线上的五个小时

新选组内嫌隙暗生，分为近藤派与芹泽派。京都守护也发来了针对芹泽派行动的指令，土方随即断然整肃队伍纪律，肃清了芹泽一派。

在这段时期，新选组增选队员，成长为具有五十人规模的大型组织。

在文久三年（一八六三）的八一八政变中，三条实美等七名公卿离开京都，躲入长州藩。而潜伏在京都各商家之中的长州势力余党则频繁秘密会面，窥伺讨幕的良机。新选组随即强化了在京都市内的巡逻力度，并派人四下打探，以图追捕志士。他们探听到，在这些不稳迹象的背后也有一些商人的参与。这就是事件的导火索。

元治元年（一八六四）六月五日，一些志士聚集在三条小桥的旅店池田屋中密谈时，遭到数名新选组队员闯入缉捕。这就是让新选组威名大震的“池田屋骚动”。

负责志士们地下据点“枡屋”的喜右卫门，也就是古高俊太郎被“岛田魁、浅野薰、山崎烝、川岛胜司搜出”（『島田魁日記』）并被逮捕。而《新选组始末记》则记载，冲田、永仓、原田、井上等二十余人闯入古高的家中进行了搜查。近藤勇首先审讯了古高，却一无所获。于是土方把古高带到前川家的仓库中实行非刑拷问，古高终于供出了志士们计划在二十日前后借着大风火烧御所并将孝明天皇劫持到长州藩的阴谋。

京都守护松平容保听到报告后十分震惊，下令新选组出动。

新选组分为两队，分别由近藤和土方率领，展开了搜查。近藤队沿着高濑川搜索，土方队则负责祇园到鸭川东侧一带各处。但两队都没有遇到志士。

“六月五日晚七时（下午四点）后，会津、彦根、松山、滨松、桑名五藩，外加壬生浪士（新选组），以及外町与力、同心①，以三条小桥为中心，上及二条街，下至松原附近，不知为何，一见四五人或五六人成群者，便上

① 下级官吏的职位名称。

前查问。”（『時勢叢談』）可见，当时会津藩等众也参与了搜查，但他们并没有找到志士的藏身之所。

近藤队后来得到情报说志士们正在池田屋进行秘密集会，立刻带着其他三个人闯进了池田屋。近藤对池田屋主人高声说：“奉命搜查！反抗者杀无赦！”也有一些最近发现的史料将这一段记载为“近藤大声喊道‘御令在此’，闯进了池田屋”（『維新階梯雑誌』）。在这个版本中，近藤的言下之意显然是在借助德川家的威势，因此备受学界关注。不过这是明治以后由会津松平家编纂的史料，所以我们还难以判定其真伪。相较而言，还是身处现场的永仓新八的证言显得更加可靠一些。

二十多名志士一齐起身战斗，其中一人被冲田砍死。冲田一个照面就一刀克敌，但因为痼疾肺结核发作而吐血，不得不离开了战场。近藤在恶斗中也几次险些丧命。不过近藤的那句名言“今夜的虎彻在渴求鲜血”则多半是后人不实的演绎。据说近藤的那把虎彻是从鸿池家得来的赝品。但鸿池是经营大名贷①的金融富商，这样的富豪所赠之刀理应不是赝品。不管怎样，在这一战中近藤靠着这把虎彻几次化险为夷。随后土方率队赶到，志士们纷纷逃离池田屋。池田屋一带俨然化作修罗场。

---

① 江户时期商人们以财政窘迫的大名为对象而进行的一种金融活动。

池田屋的战斗持续了五个小时之久。这一战是永仓新八最为记忆犹新的一幕，所以他能够像现场直播一样将这段故事讲述出来。永仓自己身负七处刀伤，但还是战斗到了最后。

幕府赐予新选组功勋状和褒奖金。新选组内也有三人战死。

禁门之变

长州藩挥兵入京，皇城外战云密布

毛利家在与会津、萨摩之间的势力之争中告负，丢掉了大内守备的职衔。其藩中志士数度密谋，但都因中途事发而以未遂告终。后来京都几乎看不到长州人的身影了。毛利势力尽失、威望扫地。因此，长州藩的愤慨已经达到了顶点，他们几度设计，希图挽回局势。一方面，他们向朝廷上书申冤，不过完全没有被采纳；另一方面，又计划火烧御所将天皇劫持到长州。但由于池田屋事件，这次的图谋也化为泡影。于是，在藩中担任老职①的宍户备后、益田右卫门介、真木和泉、福原越后等人计划，不惜动用非常手段也要清除君侧之奸，几人率领藩兵大举上京。

① 大老、中老等职衔的统称。

新选组此前的行动不过只是在京中巡逻、搜捕浪人等等而已。但在此次长州军进犯皇都之际，新选组就要与会津、萨摩之兵一起出战。担负起军中将领职责的近藤勇也表现得十分出色。这也是永仓新八第一次实战上阵。

时值元治元年七月，京都的军报往来如织，幕府时刻监视着长州军的一举一动。京都内外如同热水沸腾一般喧嚣不安。到当月二十五日，长州兵已经源源不断地开到了京都。他们随即以宍户备后、国司信浓二人为侍大将[①]，率藩兵百人在嵯峨天龙寺设阵，又以益田右卫门介、真木和泉二人为侍大将，统兵百人驻扎于天王山。福原越后亦率兵百人到伏见布阵。三路人马军容森严，分别扼守往来京都的要道。

这一边，担任京都守护的会津藩已与萨摩藩取得联络并开始备战，以防长州军开启战端。会津藩以神保内藏为侍大将、军事奉行林权助为参谋长，领藩兵二百，在钱取桥头立起绘有葵式家徽[②]的旗帜，扎营防守。同时，幕府的见回[③]头莳田相模守以佐佐木只三郎为参谋，也率三百幕臣前往钱取桥进行防御。萨州军则驻守京都市内，在御所附近戒卫九门，以防万一。新选组自近藤勇以下共百名

---

① 负责在主将之下指挥一军作战。

② 德川家家徽。

③ 江户末期由幕臣组成的维持京都治安的组织。

队员，作为会津藩麾下的一个特殊小队，也前往钱取桥列阵。副长助勤冲田总司、永仓新八、井上源三郎、藤堂平助等人皆身披甲胄，其他队员则穿着浅葱色羽织队服。

到七月底，两军一直如此相持着。进入八月后，形势愈加严峻，时时刻刻都有爆发战争的可能。无论哪方阵营率先出手，对峙之势便会立告破裂。这种紧张的氛围充斥着战场。军中的会津藩豪杰林权助担心士气衰颓，每日定时在营中宣读军令状，大概内容就是在阵中要知晓的开战时的纪律以及进退军的方案。他还将己方阵营分成前阵、后阵及守备兵，前阵驻扎在钱取桥旁，后阵则在桥后约三町[①]的地方以备万一。新选组一直被编在前阵之中，队员们誓要夺取头功，于是将那面红底白字的“诚”字旗高高竖起，让它招展在军阵之中，十分惹眼。

长州兵奇袭井伊，会津军击退福原

长州军在嵯峨天龙寺、天王山、伏见三处安营扎寨却闭营不战。他们如此拖延时日，实际上是有内情的。这是因为，藩侯毛利长门守以及毛利淡路守一行人最迟将在八月二十二日抵京。他们要等这一行人到达之后再来筹谋最

① 距离单位，1 町为 1200 米。

后的手段。幕府阵营一方也得知了这个消息，他们认为，二侯抵京将会造成更大的麻烦，于是决定先发制人，无论如何都要先把长州之兵驱逐出去。

八月十日，大目付[①]永井玄蕃头前往驻扎在伏见的长州军营，与长州军侍大将福原越后进行谈判："嵯峨天龙寺、天王山、伏见之兵因何如此军阵森严、杀气腾腾？暂且不谈是非曲直，请最迟在十八日之前全部退兵。"

福原心中盘算着至少要拖延到长门守、淡路守二侯抵京之日，便答道："请宽限到二十二日。"

玄蕃头断然拒绝道："那是决计不行的。倘若十八日之前不退兵的话，我们不惜诉诸武力也要达成目的。"

福原只好应允："如此的话就没办法了。我答应退兵。"

然而到了十八日当天，长州军却完全没有要撤军的迹象。当晚，新选组准备夜袭伏见的长州藩邸，正当他们各自进行战备时，却听到幕府本营的方向远远传来了好几次吹奏法螺的声音。再侧耳仔细听时，却发现那只不过是风声而已。不过，当会津军、见回组还有新选组赶过去查看时，却发现形势已经急迫到难避一战的地步了，大垣藩驻守的伏见稻荷关卡即将成为激战之地。于是会津藩决定派

① 江户幕府官职名，又称"惣目付""大监察"，是目付的上级。

兵前往增援。神保内藏将部下分出一半，共一百五十名士兵与新选组会合，奔赴伏见稻荷关卡协助防守。

就在这之前，长州藩的福原越后对伏见奉行林肥后守说：

“前几天大目付命令我们在今日之前撤出伏见，我们马上就开始撤退，能否求借一些人马呢？”

林肥后守信以为真，便按照福原的要求借出了人马。福原越后的军队佯装要向天王山方向撤军，但当部队路过伏见关卡时，他们马上把枪炮对准了彦根井伊藩的守备，作势威吓。井伊藩人数很少，受到威吓之后不敢抵抗，立刻往桃山方向逃去。福原越后计划实行兵粮战术，准备通过伏见关卡之后到睿山死守，以此来掐断京都第一大粮道，阻止江州①之米运抵京都。

正在此时，从钱取桥前来的会津军和新选组听闻伏见关卡告急，已经火速赶到了。他们立刻拦住了正在缓缓通过关卡的福原越后军，再一次将他们赶到了关卡之外。但福原已经抱定了要前往攻陷睿山的决心，于是挥军再上，道：“不必搭话了。用火枪招呼吧。”这让幕府一方的部队一时陷入了混乱。但福原越后在战斗中被流弹击中下巴负伤，只得放弃反攻，再次退往伏见。会津军和新选组也

① 即近江国，日本古代令制国之一，范围相当于现在的滋贺县。

暂且返回稻荷境内。

形势越发急迫了。

寺町门两军混战，会津侯险渡危机

就在神保内藏部下的会津军队与新选组在伏见稻荷境内集结的时候，从御所方向远远地传来了炮击的声音。众人不知发生了什么，便派永仓新八和原田左之助二人爬上民居的屋顶向御所那边眺望。正在这时，会津藩的公用人派来了紧急使者，传信说：

“伏见暂且不用管了，各位先赶赴御所。御所目前极为骚乱，已经濒临危机。”

众人道：

“这太不像话了。”

于是，神保的半支部队立即与林权助的部队合兵一处，再加上新选组队员，众人一同开赴御所。抵达之后，只见松平越前侯正勉力死守堺町御门，但苦于长州军攻势颇急，御门即将被敌人攻陷。赶来救援的林、神保麾下的会津部队以及新选组众队员一见，立即上前从御门之外夹击长州军，短暂混战后，长州军只得舍弃一度攻陷的堺町御门，往寺町御门方向退却。

但寺町御门被细川越中守防备得滴水不漏，越中守与追兵正好对长州军形成夹击之势，双方展开了一场大混战。最后，人数居于劣势的长州军全军覆没。奋战后的新选组顾不得休整，便立即与会津军分别，返回堺町御门。他们路过鹰司家门前时，发现屋中正埋伏着二三十名长州兵。新选组调役大槻银藏见了，出其不意地进入府中放起火来，那些长州兵大惊失色，争先恐后地逃向蛤御门。不过，会津军早已守住蛤御门，他们与追上来的新选组展开夹击，眨眼间就全歼了这些人。

然而，长州军虽然人数不多，却十分骁勇善战。他们分作三四股小队出没于京都各处，一露面就拼死砍杀，给会津军和幕府兵造成了不小的麻烦。

此时，会津侯松平肥后守正身处御花田的馆驿中。他这段时间身患重病，难以起身，但听闻当时的急迫形势后，强撑病体爬起来，命近侍“拿剃刀来”，刮掉了胡子。随后他踉踉跄跄地换上官服，骑上马前往御所参觐天皇。但由于卧病已久、身心俱疲，会津侯刚刚上马便险些栽倒下来，近侍们连忙从两侧扶住了他的腰。当一行人正要转过公卿门进入御所时，马却刚好停在拐角处不走了。近侍们觉得奇怪，只好牵马折回，绕路往南门走，好不容易到了御玄关，就见一桥卿和桑名侯①迎

① 一桥庆喜和松平定敬。

会津藩兵与长州军激战的蛤御门（位于今京都市上京区）

了出来。

二人架着会津侯的肩膀，通过御回廊进入谒见室。此时天皇也动了暂离御所的念头，听说肥后守觐见，便立刻召见了他。会津侯叩拜在地，拉着天皇的衣袖，奏道：

“此次骚乱扰及禁阙，臣惶恐至极。但臣忝为京都守护一职，唯有肝脑涂地而已。望圣上暂放宽心，将此事付与肥后处理。”

天皇谅及肥后守的苦衷，便下旨道：

“如此，便暂且托付于汝了。”

局面便如此勉强地维持了下来。

新选组骁勇作战，长州军兵败溃逃

会津侯强撑病体参觐天皇，一力担下京都守护之责。在御前奏本、拜领圣谕之后，会津侯离开御所，随后召集家臣，下令道：“你我君臣一齐上阵，至死方休。”家臣感极而泣，士气大振，齐声道：“只愿战死于君侯马前。”

新选组得到的命令是防守公卿门。队长近藤勇、副长土方岁三正要率领众队员驰援公卿门时，收到密报说“有八十余名长州人藏身于御门之前的日野大纳言官邸”，于是派永仓新八、原田左之助、井上源三郎三名副长助勤带领二十名队员前往日野府邸。那些长州人看到新选组队员突然闯入，一时惊慌失色、乱作一团，随后便镇定心神，向他们拼死砍杀过来。双方你来我往地在院中鏖战了半个多时辰，有四五名长州人战死，其他人见难以御敌便逃了出去。永仓的大腿和原田的左肩都受了轻伤。

另一方面，由松平美浓守率兵守备的下立卖御门已被长州人攻下，藩兵怯战败走。收到战报后，会津军从门内、萨州兵从门外一齐夹击长州军，经过一番恶战，终于夺回了城门。长州兵丢下大炮逃走了。像这样，长州军虽然一时占据上风，却又重新被对手击败，只得四散而逃。但由于他们不熟悉地理，逃跑时迷失了道路，大部分人都躲到了京都市内的民居中。会津军、幕府军一见，便用大炮轰击民居，京都立时陷入一片火海。一大半街巷都被灼天的火焰烧毁了。长州兵无处立足，开始往京都市外逃去。

虽然长州人在京都损失惨重，无以立足，但他们的敌人并未放松警惕，都准备趁势将其一扫而光。萨州的侍大将西乡吉之助①进军嵯峨天龙寺，而会津军与新选组会合，向天王山发起了进攻。

会津藩侍大将神保内藏与军事奉行林权助、新选组队长近藤勇整肃军容，率领队伍威风凛凛地开赴天王山。此时，先出发的萨州军已经攻下了天龙山的长州阵营。长州军往这边逃来，不料又遭到了神保队伍的夹击，被打得落

---

① 即西乡隆盛（1828～1877），“维新三杰”之一，著名军事家、政治家。

花流水，无奈只得逃上了天王山。战斗至此，长州军大势已去。

得悉战况之后，长州勇士真木和泉一边力劝同为老臣的宍户美浓、国司信浓、益田右卫门介等人下决心撤回长州，一边又对部下藩兵宣告：

“真木和泉决定战死在这天王山上。与我有同样想法的人便留下和我一同战死。不愿战死的现在便退往马关[①]，准备东山再起。”

随后，宍户、国司、益田三位大将率领麾下藩兵取道丹波口往长州路方向退去。决定留下来与真木和泉共命运的部下共二十人，不必说，这些都是不惜一死的勇士。他们听从真木的指挥，做好了长眠于天王山的准备。

会萨二藩兵围天王山，真木和泉化作武士魂

追兵们并不知道长州军已经撤退，这时的天王山上只留下了真木和泉率领的二十名死士。尤其是新选组借连胜之威，在从桥本口渡过淀川之时，还与会津兵争做先锋。队伍往山崎进军，到达天王山山麓的八幡神社时，众人发现有一尊大炮以及若干弹药被丢弃在神社里。新选组立即

① 即下关。

上前掉转炮口，对准天王山开炮，拉开了战斗的序幕。

此时山下已被会津、萨摩之军包围。神保内藏统领百名萨摩兵，加上新选组队长亲自率领的冲田总司、永仓新八、原田左之助、井上源三郎等五十名队员，开始向山顶进发。其时天气酷热，他们全都脱下盔甲，轻装上阵。

这座山并不高，但十分陡峭、难以攀登。通往山顶的路仿佛闪电一样曲折蜿蜒。众人一边喊着“嘿、嘿”的口号一边登山，时而在道路尽头拐角处的地上发现一些被丢弃的木制大炮和弹药。但附近一个人影都没有。他们认为长州军正据守在山头，想要一口气将这座山攻下来，便一边下令“进攻！进攻！”一边前进。当他们走到距离山顶大约二三町远的地方时，就见山顶一角霍然现出一个头戴金属乌帽子①、右手握着金制采配②的人，正是真木和泉。在他身边，二十名死士手执和式重火枪排成一列。和泉瞪视着攻上来的敌人，喊道：

“来者乃何藩之人？报名再战。某乃长门宰相③驾下真木和泉是也。”

会津军中神保答话道：

“某乃会津藩神保内藏。”

---

① 一种礼服帽子。

② 武将指挥作战所用的道具。

③ 指长门藩藩主毛利敬亲。

新选组队中近藤报名道：

“某乃近藤勇。”

真木听了，朗然吟诗，但永仓等人离得远，并没有听清诗的内容。随后真木高喊“呀，呀——”，二十名长州藩兵随声呐喊，同时举起手中火枪，一齐朝敌人开火。永仓的腰部和井上的小腿都被流弹击中，两人受了轻伤。“听令，”双方指挥官同时下令道，“进攻!”军令一下，两军大战。长州军奋战了一个多时辰，真木和泉见时机已到，便下令“撤退!”随后就跑进了营地小屋。众人只见那栋小屋瞬间就燃起了大火，以真木为首的各个勇士全都跳入火中，切腹自尽。

“哦哦，真是精彩的谢幕”，会津藩与新选组众人齐声赞叹。尤其是近藤勇，他眼泛泪光，对真木的勇武赞赏不已。

火灭之后，众人在各位勇士烧焦的尸体中找到了一个身上还有烧剩的武士礼服衣袖、切腹而死的尸体。他们认出这就是真木和泉，郑重地埋葬了他。众人又在天王神社中发现了供奉用的三千俵①米和三千两黄金。他们把米分给山崎的农民和八幡神社，黄金则上交给会津藩。随后，他们南下大坂，攻击长州军的仓库，连同那里的老人、女

① 米的计量单位，1 俵为 4 斗（60 公斤）。

子和孩子都一并捉起来，押解到町奉行处。众人又去探听西御堂本营的长州军动向，发现长州人已经全部退往长州藩。于是众人离开大坂返回京都。八月二十五日，新选组回到壬生村，休养生息。

六角狱中悲剧，卅三英灵归天

前文已述，八月十九日，长州藩兵犯蛤御门、堺町御门、中立卖御门，发起了决死之战。当日，兵燹毁掉了京都大半的街巷。这场飞来横祸也波及六角监狱。由于这场战火，包括池田屋事件中的俘虏，以及因涉其他政事而入狱的志士，共三十三名囚犯，未经审判就身遭刑戮，迎来了悲惨的命运。

当天早上，从六角牢房的东方传来了震耳的炮声和呐喊声，人们前去查看时，火已经烧了起来，浓烟滚滚升空，景象十分骇人。与此同时，二三百名幕府兵来到牢房进行警戒。牢中的人们这才知道事情非同小可。不一会，东方的火势渐渐弱下去，但御所一带又烧了起来。御所南边腾起了巨大的火苗和浓烈的黑烟，火势渐渐蔓延开来。房屋烧塌的声音与炮击声交织在一起，响彻天空。狱中的志士们纷纷交头接耳，有的以为长州军已经达到目的杀入狱中，有的则说在御所放火这种举动用心太过险恶云云。

当日傍晚，火势已经蔓延过了三条，渐渐变得极为猛烈。入夜之后更是烈焰灼天。人们眺望着如此惨烈的火情，度过了不安的一夜。到了二十日早上，空气中已经满是浓烟，太阳都只能照出如黄铜一般的颜色，光芒十分微弱。这时，狱吏将在京中巡逻的所司代火枪队误认为敌人，同在这边执行警卫的士兵们一起匆忙地乱跑备战，引起了很大的骚乱。他们一会儿往火枪里装填弹药，一会儿又拔出刀来在牢房外跑来跑去，形状极其狼狈。

是日下午，火势依然没有减弱的迹象。有几名官吏手执长枪，带着狱卒开始视察牢房。他们先把平野国臣、横田精之、大村包房、本多素行几人带了出去。然后又把彦山的两名僧人亮亲、乘盛，以及因政见不同而触怒幕府的三条卿的大夫丹羽出云守、西三条卿的大夫河村能登守等人陆续带出了牢房。最后带出去的则是上个月被新选组逮捕的古高俊太郎等所有长州藩藩士。从牢中被带走的以上人等共计三十三人。这些志士的死状极其惨烈，笔者已经不忍再写了。

平野国臣被带出之后，还被允许吟诵了辞世句。他的吟咏刚一结束，刀光一闪，人头已经落地。随后则是两三人一组同时行刑，人头落地的声音一直未曾停歇，三十三人全部被当场斩首。是时暮色苍然，笼罩四野，已经渐渐入夜了。刑场之上，众人殒命，其英魂升天，化作护国之神。

丧命在六角狱中的志士全都是矢志勤王的热血义士。幕府因为惧怕长州的袭击而对他们仓促行刑，这种做法太过令人遗憾。这件事虽然是禁门之变以外的冗言，但作为池田屋事件的结局，笔者还是记录在此了。

土州武士遭误伤，士道之花终凋落

芹泽鸭、近藤勇等人上京后重组而成的新选组如今在京都内外都颇具威望。但在此之前，他们也付出过相当大的牺牲。尤其是在此前的长州犯阙事件中，新选组折损了相当多的队员。事件过后，十分精锐的新选组由于人员缩减，实力削弱了许多。于是，会津藩派出柴司、辰野勇等十人前来支援新选组。

元治元年九月的一天，新选组接获密报，说有两三个长州人躲藏在东山一个叫作“明保野”的料理茶屋中。队内随即派出原田左之助、井上源三郎、冲田总司带领着新入队的会津藩藩士和其他队员共二十人前去抓捕。他们来到“明保野”，先把守住前后门，随后突然闯入进行搜查。但众人连个可疑的人影都没有发现。正在大家感到意外、面面相觑的时候，只见一名武士从暗处跳出来想要翻墙逃走。会津藩派来的柴司追上前问道：“什么人？报上名来！”但对方并没有回答。

柴司觉得，既然那人并不回答自己的问话，就一定是长州的人。这天他刚从永仓新八那里借来一柄短枪，于是他持枪猛刺，手中短枪像闪电一样刺进了那名武士的侧腹部。那人被刺后才说：“呀呀，你认错人了。你会后悔的。我出身土州，名叫林（麻）田时太郎。”

听到对方报名，柴司大惊道：

“这真是万分意外。但你为何要逃走呢？我以为你是长州人才用枪刺你。”

对方说：

“啊呀，那几个长州人在四五天前就离开了。现在只有在下一个人住在这间茶屋里。”

新选组众人只得收队。柴司归队之后面露忧郁之色，永仓看到后过去询问，柴司便将自己误伤土州武士一事原原本本地告诉了他。柴司担心这件事会给会津藩和土佐藩之间的关系造成麻烦。柴司说，如果这件事闹大的话，自己就只好切腹谢罪了，所以正在犯愁。永仓听后安慰他说：

“我们新选组是有生杀予夺之权的。您现在已经不是会津藩的人了。既然属于新选组，那就不必担心。”

然而正当此时，会津藩的公用人派人来传令说要柴司紧急回归藩邸。藩中家老[①]田中土佐等重臣虽然觉得柴司

① 大名的重臣，家臣之首，负责统管家中事务。

值得同情，但还是决定命他切腹谢罪。将切腹的命令告知柴司的正是他的兄长柴秀司。秀司向回到藩邸的柴司传达了这个命令。柴司早已下定了决心，于是拜托哥哥帮自己理了月代，毅然伏法切腹自尽。

近藤、土方、永仓等队员随后也都赶到，看到了柴司切腹的一刻。尸检之后，柴司之兄秀司前往土佐藩邸报告："刺伤贵藩林田的柴司已经切腹谢罪。"土佐藩则认为，林田被刺之后带伤回藩有违武士道，也命他切腹。二人的死让会津、土州二藩的交情变得更好了，总算没让这件事酿成大错。但会津肥后守尤其痛惜柴司之死，还给他的哥哥柴秀司增加了一百石的俸禄。自近藤以下，永仓等人都将柴司之死称作"士道之花"，认为这代表了武士道的精神，将这个故事传扬了出去。

近藤专权招不满，永仓提交建议书

新选组原本就是在羽藩志士清川八郎的建议下，由幕府打着尽忠报国的旗号招揽而来的一群乌合之众。这些人打得火热的时候尚能抱成一团，即使尝尽栉风沐雨之苦也不在话下。但热情消退的时候，他们便开始相互忌恨、反目成仇。尤其是队长近藤勇，他是个出了名的性格粗豪之人，往往会做出一些放肆之举。暗杀芹泽鸭之后，他又在队中擅权专制，甚至在壬生驻地里都把其他队员当作自己的家臣一样来回使唤，倘有不从便刀剑相向。队员们对近藤队长渐渐心生不满。而且，近来外面又风平浪静，队员们开始厌倦无所事事的生活，牢骚满腹，所以对很多小事的反应都很敏感。有些人想要离队，有些人则想反抗，新选组已经出现了分崩离析的征兆。

副长助勤永仓新八、斋藤一、原田左之助等人对此十分关切，他们常常长吁短叹，觉得如果就这么放任不管的话，新选组早晚会土崩瓦解。倘若新选组解散，也是国家的一大损失。他们找到调役尾关政一郎、岛田魁、葛山武八郎等人商量，六个人做好了不惜离队的思想准备，向会津侯提交了一封建议书。他们首先面见会津藩公用人小林久太郎，向他逐一陈述建议书中所列的队长近藤勇的五条罪状，又十分激动地说：

“在这五条罪状中，哪怕近藤能找到足以开脱其中一条罪状的借口，我们六人就切腹自尽。如果他无可分辩的话，我们希望能命令他立即切腹。请您把我们的请求转告肥后侯。”

公用人也很吃惊，不过还是将这些话转达到了会津侯那里。会津侯立即将六人召到客厅，对他们说：

“你们所说的事情我已经知道了。但新选组是谁组织起来的呢？我记得最早就是近藤、原田、永仓你们几人协商建立的吧。倘若今日就此将新选组解散的话，那只能怪负责管理你们的我太无能了。你们能否再仔细考虑一下呢?”

永仓等人听了他的话，面面相觑。他们意识到自己的请求确实会给会津侯造成困扰，于是答道：

“如此，我们便归队吧。”

会津侯非常高兴，说：

“这次的事情就到此为止，不要外传了。近藤那边我就装作不知情，把他也叫来见面。你们千万别把这件事说出去。”

会津侯把近藤勇也叫来藩邸，赐酒给他们七人。

经历这一番波折之后，永仓等人和近藤离开会津藩邸，一同往回走。快走到二条附近的时候，就见队友武田观柳斋从对面走了过来。他一看到永仓，立刻解下自己的佩刀扔在地上说：

“请砍掉我的头吧。”

近藤和永仓对此都很吃惊，就说：

“这是在路上，不管有什么事都等回到队里再说。”

几人与武田一道回到了驻地。武田平常总是谄媚地奉承生性鲁莽的近藤队长说：“新选组一党就是您的囊中之物。请尽管把我们当作臣下来使唤。”这次听说永仓几个硬骨头不惜退队也要肃清队伍的事情，便去上演了这样一出负荆请罪的戏码，先发制人，巧妙地平息了永仓等人的怒火。

会津肥后守三言两语就阻止了新选组的瓦解，而队内众人也很赞赏永仓等人的肃清行动。事后，大家都更加勤勉地为了守护京都而努力。

世论热议公武隔离，各方力促将军上洛

自长州藩兵在京都挑起战乱、惊扰御前之后，身在江户的将军德川家茂虽早已决定上洛亲奉谕旨，但一直到了元治元年十月，也没有传出将军上洛的消息。世间因而舆论沸腾，都在非难德川将军家，甚至还有人提出了“公武隔离论”①。京都守护松平肥后守对这些舆情非常忧虑，于是派快马到江户，表示希望将军家能够尽早上洛。新选组自队长近藤勇以下的队员们也都集合起来商议此事。他们认为：“应当由老中进言，力劝将军家上洛。”随即决定派队长近藤勇、永仓新八、尾形俊太郎、武田观柳斋四人东下江户促成此事。众人立即将这一决定上报会津侯，会津侯大喜，同意说：“立刻出发。”

近藤四人马上乘坐快轿出发，恨不得一日就飞到江户。从桑名前往热田时必须渡过伊势湾，他们只得改走海

① 与“公武合体”相对的政见。

路。他们驾船出海的时候还是晴天，但走到中途，天气骤变，雷电暴雨接踵而来，海面上掀起了十分骇人的大风暴。狂风不断吹来，仿佛要把船掀翻一样，船头已经无法控制了，船夫沮丧地说："各位先生，现在已经完全没有办法了。这样的话我们就往远州滩①去吧。"走远州滩的话，船是一定会失事的。事已至此，近藤四人也不得不认命。刚好船上有绳子，于是他们就用绳子把四人的身体紧紧地捆在了桅杆上，决定听天由命，死也要死在一起。

似乎是上天嘉奖他们四人的忠诚，恶劣的天气很快就过去了，无力的船头也恢复了控制，又可以重新掌舵了。一行人总算抵达热田靠岸。四人稍做休整，恢复体力之后便再次坐上快轿，继续加急赶路前往江户。来到东海道第一关箱根时，守卫并没有随便放他们通过。他们说道，"我们是京都新选组之人，享有大御番之待遇"，不容分说地闯了过去。

离开京都的第三天②，他们抵达了江户。四人径直来到小石川小日向柳町的近藤家中。次日，近藤与永仓、尾形、武田四人一同前往和田仓门内的会津藩邸，向藩中之

① 又称远江滩、天龙滩，是志摩半岛到伊豆半岛之间的一片海域。由于风浪大、港口少，一直作为海上险地而闻名。此处船夫说走远州滩，就是放弃求生的意思。

② 实际上是在从京都出发的五日后抵达。

人讲述了来意。正在协商着办理手续的时候，他们遇到了同样为了劝说将军家上洛，而且也只用了三天就从京都赶到江户的萨摩藩的西乡吉之助。

“噢噢，这不是近藤先生？竟能在这里和您见面，真是荣幸。在下要去面见大目付大久保肥前守大人，希望能够促成将军上洛。”

近藤道：“真是赶巧了。既然这样，我们就去劝说御老中松前伊豆守。”随后双方分头行动。

萨摩藩英雄西乡吉之助与直属幕府一方的壮士近藤勇在这种场合下会面，本身就是一个值得玩味的场景。回到小石川近藤家之后，永仓提醒道：

“如各位所知，在下曾从松前藩脱藩，所以不方便出入伊豆守的府邸。我就在此待命吧。还有就是，要拜见松前侯的话，最好先去拜访一下公用人远藤又左卫门。”

【解说④】御所周边的白昼攻防战

池田屋事件后，新选组与会津藩派人潜身于京都市内各个町屋，以图追捕长州余党。六月十日，会津藩藩士柴司得到情报说长州志士在京都东部的“明保野”秘密集会，于是请求新选组出动。柴司见一名志士正在吃饭，便用枪刺伤了他。但此前的情报是伪报，被柴司刺伤的是土佐藩藩士麻田时太郎。在会津藩和土佐藩产生龃龉之前，双方命令两名当事者自杀，以此平息了事态。

正在这个紧要关头，六月九日，长州藩收到了池田屋事件的报告。六日后，也就是六月十五日，长州藩率兵上洛。还有一种说法是，池田屋事件的报告是由信使有吉熊次郎在六月十三日带到长州藩的。长州藩的三位家老福原越后、国司信浓、益田右卫门介闻报大怒，率军一千六百人开赴京都。这就是“禁门之变”，又称“蛤御门之战”。

长州藩提出了“实行攘夷”“恢复三条实美等五位公卿的职位”“给毛利父子平反”三个条件，兵进禁宫御所。虽然长州藩也想向朝廷提交请愿书，但通常认为，他们是要通过兵谏的方式逼宫。

担任长州藩先锋的福原越后部率先开到。他们在京都京桥口遭遇纪州藩兵的阻挡，长州军大喝“我们终日与外夷作战，你们休得抵抗!”突破了对方的防守。久留米的神官真木和泉率领忠勇队驻扎在天王山。国司信浓、来岛又兵卫等则陆续到嵯峨天龙寺集结。长州军从三个方向攻向御所。

与此相对，幕府军则固守御所九门：中立卖御门为筑前藩、蛤御门为会津藩、下立卖御门为仙台藩、堺町御门为越前藩、寺町御门为肥后藩、清和院御门为加贺藩、石药师御门为阿波藩、今出川御门为久留米藩、乾御门为萨摩藩各自驻守。皇宫内的重要宫门则由幕府御三家[①]以及亲藩[②]大名执行警备：建礼门为水户藩、建春门为尾张藩、朔平门为彦根藩、清所门为桑名藩、宜秋门为会津藩各自驻守。见回组、新选组受命前往九条河原，分宿于附近的农家之中。京都守护松平容保身患重病、卧床不起。

担任禁宫守卫总督的一桥庆喜与萨摩藩的西乡隆盛都认为这一战不过是会津藩与长州藩的私斗，因此态度十分消极。然而来岛等人居然率军攻破中立卖御门，侵入御所。收到这一战报的一桥庆喜十分震惊，立即赶赴御所。西乡收到战报后也披挂出阵，同长州军展开了激烈的战斗。

《新选组始末记》中将此时的混乱战况栩栩如生地描绘了出来。孝明天皇与众公卿想要离开御所，连凤辇都抬了出来，造成了一阵骚乱。松平容保只得强撑病体前往皇宫，其弟桑名藩藩主松平定敬和一桥庆喜左右架着他的肩膀参觐天皇。他拉着孝明天皇的衣袖恳求说："请暂时托付给我。"孝明天皇则答道："交予汝了。"

新选组队员与会津兵一同追击从御所败退的真木和泉等人，一直追到了天王山。虽然永仓说冲田总司也在这数

---

① 江户时期地位仅次于德川将军家的三个德川氏大名，分别是：尾张德川家、纪州德川家、水户德川家。

② 与德川将军家有血缘关系的藩领。

十名队员之列，但实际上冲田自从在池田屋吐血以后就没有再参加战斗了。

败退的神官真木和泉暂时退往小仓神社。可能已经下定必死之决心，真木从神社的神官那里拿来了金属乌帽子和锦衣礼服换上，率其他十六人困守天王山。

近藤与真木双方互报姓名，随后真木吟诵辞世诗，十七名武士全部自杀。据说真木曾下令要长州兵逃走以图东山再起，所以自杀的十七人中并没有长州人。

肃清高台寺一党

大树公纳谏上洛，新选组再募队员

顾及永仓新八从松前藩脱藩的身份，近藤勇便让他留守，只带了尾形俊太郎、武田观柳斋两人离开位于小石川的家，前往松前伊豆守的藩邸。松前藩公用人远藤又左卫门在接待使者的房间里郑重地款待了他们。远藤问他们的来意，近藤从怀中拿出建议书递过去，正色道：

“自此次长州兵犯禁作乱之后，将军仍未上洛，这是为什么呢？您可能也听到京都的一些传闻了。现在甚至有人开始鼓吹‘公武隔离说’，京都守护肥后守对此十分担忧，所以派我们三个以及此前脱离贵藩的永仓新八四人东下江户，恳请将军早日上洛。”

公用人随即将建议书上交给松前侯，松前侯将建议书收下，决定接见近藤三人。

远藤引着近藤三人面见伊豆守。松前侯道：

“远道而来，你们辛苦了。我会将建议书中的内容转达大树公。实际上有关将军上洛之事，江户这边也并非不急。但将军家若要上洛，就必须筹措麾下将士的准备资金，这也是顾虑之一啊。”

这才把将军家无法轻易上洛的真相告诉他们。其实近藤在此之前就已经听说过这件事，于是，他提出了一个颇具自己风格的建议：

“幕府诚然是需要这笔经费的。但目前情势急迫，我们不该把这件事看得过分严重。如果将军能够宣布孤身上洛，号令有志者在身边追随的话，那么即便各谱代家臣拿不到准备经费，也不好再有异议了。”

伊豆守也对近藤的忠诚深表感佩，答应说：

“我会转达将军的。”

近藤大喜，辞别松前侯回去了。不久之后，他们就目睹了将军上洛的一幕。将军进宫参觐天皇、聆听谕旨，随后“公武隔离”的舆论也自然消失了。

有些幕末史的观点认为此次近藤东下江户是为了请求将军亲征长州，同时萨摩藩的西乡也带着同样的目的前往江户，意思就是说这些人是各怀私心，在暗中进行各种运作，意图促成将军亲征。但是，近藤勇的本意就是前文中所说的，他无论怎样都想要请求将军入京面见天皇。近藤勇、永仓新八、尾形俊太郎、武田宽（观）柳斋四人东下江户时，自始至终都是为了实现这个目的。当时新选组由于人手不够，一直由会津藩派人支援，所以近藤开始在江户招募队员。

自京都局势告急以来，新选组之名早已流传甚广。所以近藤甫一发表招募启事，立刻就有很多人前来应募。最后他们择优录取了五十余人①。其中像伊东甲子太郎、铃木三树三郎、服部武雄、筱原泰之进、加纳雕雄、中西升、内海二郎、佐野七五三之助、新井忠雄、近藤芳祐、久米部冲见、志村武三等人，有些是平时就宣称勤王、矢志攘夷的人，还有些则是真正的幕府走狗，想把新选组当作自己一步登天的跳板。诚意与野心都混杂其中。近藤向他们逐一宣读新选组的法令，并且要求他们全员立誓，恪守团结。

藤堂平助矢志勤王，甲子太郎粉墨登场

新选组在京都商议派近藤勇与永仓、尾形、武田三人东下江户的时候，已经有一人比他们更早出发赶往江户了。那就是副长助勤藤堂平助。他刚一离开京都，连草鞋都来不及换，就立刻前往在深川佐贺町开设北辰一刀流道

① 此处人数有误。此时应募的共有二十三人，最后有二十一人入队。

场的伊东甲子太郎处与其密谈。伊东与武田耕云斋同藩出身，一直立志攘夷。

伊东本姓铃木，以前是常陆水户藩宍户大学头属下的藩士。他和弟弟铃木三树三郎都与武田耕云斋交情很好。兄弟二人为奔走国事，决定脱藩前往江户。甲子太郎很有学问，武艺也很高强，又有很强的勤王思想，这一点和羽藩豪杰清川八郎很是相似。后来，在深川佐贺町开设道场的北辰一刀流高手伊东精一病逝，弟子们就推举他来继承了伊东的名号。

在近藤等人出发之前就离开京都的藤堂平助与伊东是多年密友。伊东听说老友突然来访，带着惊讶的心情和藤堂会面，听他倾诉心中积郁。藤堂用激动的声音说道：

“我们去年与近藤勇同盟，一直在京都活动，本来是要为勤王事业尽一点微薄之力的。但我逐渐观察近藤的态度，却发现他四处奔忙，只是为了充当幕府的爪牙。新选组最初标榜的那些有关勤王的内容不知道什么时候才能实现。如今队员们对近藤这种取得微小功绩就不思进取的态度十分愤慨，已经有不少人离队了。我们私下里都觉得近藤已经无药可救了。我想趁这次他们离开京都的机会将他暗杀，再让素常热衷勤王的您来担任队长，把新选组改造成一个纯粹的勤王组织。所以我才在他们之前就离开京都，到你这里来。”

这些话出乎甲子太郎的预料。伊东听完之后震惊不已，但也觉得十分高兴。他很赞同平助的想法。二人秘密约定，总之伊东要先成为近藤的盟友，等到了京都之后就立刻实行他们的计谋。过了一段时间，近藤勇开始在江户招募队员，甲子太郎立即前往小石川面见近藤。伊东问他：

“新选组所倡导的勤王是主张献身于王事的真正的勤王论吗？”

所谓“真正的勤王”就是武田耕云斋一派所倡导的过激倒幕论，以及当时南方的志士们所鼓吹的萨摩、长州、土佐联盟的意思。近藤勇仅仅听了这句话，就已经洞察了伊东的心思。他不露声色地回答道：

“确实是真正的勤王。”

于是甲子太郎同他约定：

“既然这样，不仅我自己应募，我还推荐我的弟弟铃木三树三郎和其他一些朋友一起加入。”

这次新招募的队员共有五十人。十一月一日①，近藤亲自率领这队人马离开江户，取道东海道返回京都。新生力量的加入让新选组的队伍更加壮大，他们极其想要在幕府麾下担当重要的角色。而且，队长近藤勇已经完全把伊东甲子太郎视作危险人物，时刻防备着他。近藤又将此事

① 应为十月十六日。

知会副长土方岁三，准备先试探一下伊东是否有主张三藩联合的想法。

伊东兄弟破格优遇，山南敬助切腹伏法

队长近藤勇东下江户，招募到不少新生力量加入。同时，他也对新选组进行了改革。改编之后，队长、副长不变，副长助勤则改称“组长”，下辖十名队员，又给每个组长分派两名伍长作为副手。永仓新八担任二番组组长，得到了伊东铁五郎和岛田魁两名副手。而队长近藤虽然心存疑念，但还是将伊东甲子太郎任命为参谋。这可是没有前例的破格优待。此外他还任命伊东的弟弟铃木三树三郎为组长。这也是近藤对文武双全的伊东甚为敬服的一个证据。

此前幕府在江户招募尽忠报国之浪士的时候，与芹泽鸭、近藤勇、永仓新八等人身怀同样志向的山南敬助也加入了浪士队。后来，山南成为新选组的中坚，一直担任着重要职务。他察觉到队长近藤已经渐渐背离了尽忠报国的初心，一心想要成为幕府的爪牙谋取功名，所以早已对近藤心生不满。山南原本是仙台藩的藩士，武艺也很出色，不仅是一个心怀强烈勤王思想的人，也是一个能与清川八郎、芹泽鸭、近藤勇等人比肩的豪杰之士。近藤自掌握新选组以来，对山南也多少有些忌惮和疏远。然而，这次坐

上参谋这一客卿席位的伊东甲子太郎却意外地发现山南与自己怀有相似的理想，所以伊东对山南的评价比对近藤还要高。二人曾彻夜长谈，甲子太郎的谈吐让山南对他深为敬服。二人之间已经有了某种默契。他们都很期待对方将来能够大显身手。

政见相合的两人之后也常常在聚一起谈天说地。近藤听说之后，对他们更加猜疑。于是山南终于下定决心脱队，逃到了江州的大津。近藤闻报，心中暗喜，想着终于能够以山南违犯法令为由，命令他遵循武士道切腹了。近藤派出冲田总司去追赶他，冲田不费吹灰之力就将山南带了回来。

冲田将山南带到前川庄司宅邸后就回去向近藤复命。这时永仓和伊东一同悄然前来，两人暗自垂泪，以好友的立场劝道：

“山南，之后的事情我们来承担。你离开这里，再逃一次吧。”

山南听后摇头，坚定地说：

“感谢二位的盛情，但我想，无论怎么逃都是逃不掉的。我已经做好切腹的准备了。”

没过多久，近藤队长带着土方副长以及冲田、斋藤等新选组干部来了。近藤将山南叫到众人面前，严厉地说：

“新选组法令中规定，离队逃走者切腹。山南此次离队，也应依照法令切腹谢罪。”

山南镇定自若，神色不变地说：

“奉命切腹乃我之幸也。”

他立刻换上了黑色羽二重[①]纹样的服装，正襟危坐在中央的蒲团上。山南以水代酒，敬给列坐众人，表示对长年以来交往的谢意，并郑重地同他们道别。他拜托冲田总司为自己介错[②]，叮嘱他在自己出声之前不要下刀。然后，山南静静地拿起胁差刺入自己的下腹部，再横剖了个“一”字，随后向前倒下。山南干净利落的动作让近藤也倍加赞赏：

“即便是浅野内匠头[③]的切腹也没有这么精彩。”

山南的葬礼以神道仪式举行，他被厚葬在壬生寺[④]内。

幕府征长，将军病逝

元治元年夏，毛利长门守兵进京都，妄自开炮，惊扰禁宫。因此朝廷追究其罪，下令征讨长州。入秋之后，朝廷以尾张大纳言[⑤]庆胜侯为总督、以越前侯松平春岳为副总督，先遣部队在十月二十五日乘船从大坂出击。然而，

---

① 江户时期的一种礼服。

② 切腹仪式中负责为切腹者斩首的人。

③ 即在赤穗事件中切腹的浅野长矩。

④ 菊地明指出，山南实际上被葬于光缘寺。

⑤ 日本律令制下设大纳言、中纳言、少纳言，作为太政官的属官。大纳言是太政官的次官。

出身萨摩的西乡吉之助平素审观时势，他深感此时的日本正处于危急存亡之时，人们更应将针锋指向海外，而不应陷于内斗之中。西乡深得征长总督尾州侯的信赖，开始思索不通过战斗而达到征长目的的战略。他的计略最终奏效了，长州侯表示追究福原越后、国司信浓、益田右卫门介三名老职的罪名，令三人切腹以表谢罪之意。

征长总督素常就是厌战之人。既然这次的讨伐已经收获了效果，他便令征长军暂且退兵。征长军撤走以后，主张强硬反抗幕府的高杉晋作纠集同志、组织义军，将长州藩中的妥协派意见一扫而光，旗帜鲜明地表现出反抗幕府的态度。后来成为公爵的山县狂介有朋又大举奇兵队[①]声援高杉。幕府对是否应当再次组织军队征讨长州一事犹豫不决，更拿不准一旦开战幕府军一方是否能够获胜。特别是由于萨摩的西乡一直持反战的意见，因此尾州侯迟迟不肯动身。到后来，主战派还是占了上风，最后决定将军德川家茂出阵大坂，主持亲征。西乡见事已至此，认为“幕府气数已尽”，便下定决心回到萨摩藩。此后，他主持藩论、一心勤王。这就是后来萨长同盟[②]的开端。

---

① 幕末长州组织的军队，成员混杂了藩士、武士和庶民，“奇兵”是与正规军相对而言的。

② 1866 年，萨摩、长州二藩缔结的政治军事同盟。

逼近长州藩境的幕府军却每战失利，在双方长期相持之后，士气更衰，明显露出败象。由于找不到退兵的时机，士兵们唯有空虚度日而已。另一方面，外国军舰已经逼近畿内附近海面，敦促日本政府尽快缔结开港条约。最后朝廷决定开横滨、箱馆、长崎三港。这下，众多的勤王攘夷党立刻热血沸腾、骚动起来。同时，阿部丰后守、松前伊豆守两位国老与外国人秘密协议开放兵库港的事情外泄，引发了各藩志士极大的愤慨。种种内忧外患让将军德川家茂极为痛心，他终于以生病不堪重任为由向天皇递交了辞呈，随后离开大坂，踏上了东下返回江户的旅程。

会津肥后守听闻此事后大惊，立刻追去，终于在河内①的枚方赶上了将军的轿子。肥后守向将军直言强谏，将军终于稍稍回转心意，答应留在京都。此时新选组众人也赶到了。近藤勇听说将军东下后，率副长土方岁三以及冲田、永仓等队员尾随肥后守追来。众人听说将军已经打消了东下的念头准备返回京都，便都安下心来，立刻保卫着将军的坐轿回到京都。幸运的是，将军并未因此事被问罪，朝廷只是下令将阿部、松前两位阁老革职，平息了这件事。然而没过多久，将军德川家茂就在大坂的行营中去

① 日本古代令制国之一，范围相当于现在的大阪府东部。

世。幕府的众位重臣都觉得失去了将军就宛如在暗夜之中失去了灯火。

幕长休战，三条激斗

由于将军德川家茂去世，幕府与长州藩停止交战，一直虚度时日的长州再征军终于等到了撤兵的机会。此前，幕府在兴兵讨伐长州侵犯禁宫之罪的同时，还在京都的三条立起了一块很大的告示牌，上面写着长州藩的罪名，也带有告慰曾遭兵燹之苦的百姓的意思。然而如今双方已经休战了，这块告示牌却并未被撤除，这招致了那些心怀勤王之志的武士们的极大不满。于是，每天晚上都会有人去三条的告示牌那里，或者往上泼墨，或者用刀破坏。

这件事最初是由与力和奉行所共同负责的，但后来，萨摩和土佐的藩士也参与进来。他们对此束手无策，只好委托新选组去制止这些人。队长近藤立即应允下来，马上派遣原田左之助、永仓新八两名组长负责告示牌的监管和保护。两人便率监察新井忠雄、伍长岛田魁等二十名队员赶赴三条桥。他们商定，天黑以后派五名队员埋伏在告示牌之下，岛田率一个小队在桥北一带守备，而其他人则由原田和永仓带领，藏身于三条桥附近的一家旅店的二楼。一旦听到枪声响起便发动攻袭。

是夜天朗气清，借着明月的照耀，甚至连地上爬行的蚂蚁都能看清楚。约莫到了十时前后，就见有十名武士一道吟诵着诗歌踏月而来。但他们走过三条桥后，吟诗之声便戛然而止。永仓等人心想“果然来了”，仔细观察着这些人。就见有两三名武士踏进了告示牌的围栏里，伸手要把牌子取下来。看到此处，永仓立刻开枪放出信号，纵身跃出堵住了那些武士。武士们突遭袭击，大惊失色，尔后又发现攻来的是新选组的队员，他们不敢抵抗，一下子四散而逃。

其中一人往他们来的方向飞快地逃去，永仓和原田随后追去。这时，岛田魁听到枪声后率队从桥的另一边赶来，刚好对那个人形成夹击。那名武士只好从桥上一跃而下，跳到了鸭川河岸上。永仓等人也随之跳下。那人见已经无路可逃，便拉出一柄足有三尺长的大刀冲了过来。永仓一见，知道不可轻敌，连忙拔出刀来与他对战。明亮的月光映照在刀刃上，被挥舞成了一片银光，双方激斗了足有半个多时辰，原田、永仓以及其他两三名队员都在这柄大刀下受了轻伤，费了九牛二虎之力才将对方制服。

这名武士出身土佐藩，名唤宫川助五郎，是一位经常身配一柄三尺长刀的壮士。此时他已身负四处重伤，但还是懊恼地说：“倘若在下的刀再长二寸的话，就能把你们全部杀掉了。”他心知已经无法脱身，便将藩中的目付和自己的仆从叫来托付后事。随后，宫川被新选组押解到了町奉行处。过了没多久，又传来消息说伊东铁五郎率五名队员追击一个形迹可疑的武士，正同对方在三条小桥一带苦战。永仓急忙赶去将那人制服，也送交到了町奉行处。这件事在京都渐渐传扬开去，不久之后，再也没人敢打告示牌的主意了。

庆元日流连花街，受忌恨险遭切腹

庆应三年正月元日，新选组的客将伊东甲子太郎喊上永仓新八、斋藤一等副长助勤，还有他的心腹服部、加纳、中西、内海、佐野以及弟弟铃木三树三郎，一行人前往岛原的角屋。这天岛原一带都暂停营业，他们就在路上买了十只鸭子带过去，只吩咐角屋的人准备些酒来，便上楼去了。不管怎么说，既然这是在当时炙手可热的新选组提出的要求，角屋为了讨好众人，也丝毫不敢怠慢，招待得十分殷勤。

不一会儿，穿着春时新装、打扮得十分惹眼的兼吉、玉助两名艺妓以及雏妓小久就来了。众人一边歌舞一边饮酒，兴致越发高涨，纷纷召来了自己相熟的艺妓。伊东叫来了轮违屋的花香太夫，斋藤叫来桔梗屋的相生太夫，永仓则叫来了龟屋的小常。众人正在恣意喧闹之时，又恰好遇上了另外二十名队友，俨然成了一个大联欢。

各位壮士聚在这条花街上最好的酒馆里，放歌纵酒，欢度元日。渐渐天色晚了，已经快到了归队的门禁时间。新选组为了防止队员行为放纵，很早以前就特别规定了门禁的时间。倘若队员晚归，必然会遭到处罚。尤其是那些担任职务的队员，一旦犯禁，会被更加严肃地处理，乃至勒令切腹。所以即使队员人数众多，也从来没人敢迟于门禁时间归队。永仓和斋藤虽然已经醉得厉害，但还是注意到了时间，对伊东说：

“先生，门禁的时间快到了，我们必须归队了。”

伊东却迟迟不肯回去，对他们说：

“啊两位，今晚难得一醉，带着如此美妙的醉意回到那么粗俗的队伍之中就未免太扫兴了。此后要是有什么事情，责任都由在下来承担，今晚我们就痛饮到天明吧。”

永仓、斋藤两人心想确实难得一醉，便将诸事付与伊东，当夜没有归队。第二天，众人从一大早就又开始喝酒，伊东提议说：

“我们已经都是要切腹的人了，就抛却对世间的留恋，继续痛饮吧。”

于是他们又喝了一整天。到了第三天，伊东还是不停地劝酒，说：

“今天也晚了，咱们就再喝个通宵吧。”

第四天，队长近藤派人来催促他们归队。近藤一见三人那副样子，怒容满面地说：

“各位应该都知道队中法度吧。”

“知道。”

近藤气势汹汹地说：

“稍后再公布对你们的处置。这段时间伊东到我的房间、斋藤到土方副长的房间、永仓到别室里，各自禁闭反省。”

但伊东和永仓都暗自思忖：近藤倘若甘冒不韪强行勒令我们切腹的话，队员们知道了也不会甘休。所以二人都不怎么在乎，并没有觉得害怕。但另一边，近藤对此前永仓到会津家陈情一事还耿耿于怀，加之这次的事情永仓也有责任，所以就想到会津侯那里请求，以勒令永仓一人切腹的方式解决这件事。但他决心刚下，副长土方岁三就苦谏道：

“队长，将罪名冠在永仓一人头上是不公平的。如果判他们切腹的话就该让三人一起切腹。目前队里正有分裂的苗头，处理这件事时必须要考虑到队员们的看法。”

于是近藤打消了让永仓切腹的念头，免除了他们的死罪。近藤判伊东和斋藤“离职禁闭”两三天，但勒令永仓禁闭六天。此后，近藤与永仓之间的隔阂越来越深了。

本愿寺中训练，伊东申请别居

庆应三年三月，主张尊王攘夷的倒幕志士大显身手，巧妙地促成了萨摩、长州、土佐三藩的同盟。他们随时都有可能突然起事、讨伐幕府。新选组认为为了应对万一之时，有必要让队员接受训练。但现在的驻地空间狭小，总觉得难以自由活动，于是这天，副长土方岁三与永仓一同拜访本愿寺，提出：“想要借贵寺的学林①作为新选组的驻地。”

本愿寺的公用人听完沉吟起来。不久之前，长州兵扰乱京都时，本愿寺门主曾将长州兵藏匿在正殿外廊之中，被会津兵和新选组队员发现。他们当时打算烧掉本愿寺，门主哀求说：“日后一定会鼎力相助以表谢罪之意，这次就请饶过我们吧。”当时本愿寺做了这样的承诺，幸而免灾。公用人听了新选组的请求，心下明白这次必定要出借学林，便说：

“你们所说的我已知晓。我这就去找门主要来出借许可，请两位在此稍候片刻。”

说完就进去了。门主对出借学林一事深感为难，想了

① 寺院中僧侣学习的地方。

很多借口想要把这件事搪塞过去。但公用人力劝道：

“设想一下，当初人家如果把本愿寺烧掉的话，也就不会有这种事情发生了。”

就这样，公用人逼迫门主承诺借出学林，又将门主的承诺转告土方和永仓。

到了第二天，搬迁的准备工作就开始进行了。他们在学林中足足铺设了五百张榻榻米，又让木工分隔出许多区域。学林与正殿之间则用竹栅栏隔开，防止有人随意往来，甚至还建起了浴室和牢房。待整顿完毕，自近藤队长以下，伊东参谋等人全员搬迁了过来。练兵场就设在寺门内宽敞的大客厅，由擅长永（长）沼流兵法的武田宽（观）柳斋担任指导，每日操练。后来，新选组又从会津藩那里得来了两门大炮，队员们又逐渐开始进行荷式训练。毕竟大炮是稀有之物，队员们每天都往这两门大炮中装填强力火药，再猛然开炮，发出巨大的声响。可本愿寺门主却被队员们搞出来的一下又一下的猛烈炮击声吓得够呛。门主正在专心苦思佛学，结果一下就被炮声吓得从冥想中回过神来，赶忙屏住呼吸钻进了被子里。他像得了重病一样被惊得浑身发抖，只好把公用人叫来说：

“想要进行炮击练习的话，能不能提前打声招呼呢？”

他希望公用人去跟新选组交涉。队员们却觉得这很有趣，反而不停地开起炮来。巨大的炮声甚至时常会震落正殿的屋瓦。门主实在对每天都要响起的炮击声束手无策，只好考虑到别处再给新选组建一处驻地，让他们搬过去。除此之外也再无良策了。

而另一方面，曾在江户与藤堂平助有过密约的伊东甲子太郎，自入队以来一直在寻找近藤勇的破绽，意图乘隙颠覆新选组，不过一直没有找到机会。这一天，伊东来到近藤近前说道：

“近藤先生，我最近细细探查形势，听说长州藩自幕府征长之后痛恨德川幕府，最近正在筹谋什么不得了的计划。所以我想派间谍潜入长州藩，专门去打探情况。不过目前我身处新选组内，行动多有不便，所以想暂时和队友们分开住。希望您能够同意这个请求。”

伊东派东山别居，斋藤一受命卧底

早在伊东加入新选组的时候，近藤便已看出这个人心怀不利于自己的阴谋。这次伊东提出要派间谍潜入长州藩，又说因此要移居他处，近藤心下已经知晓他别有所图，但还是不露声色地说：

“这样啊。在下也正想要探听长州藩的情报，还没来得及拜托您，您就主动提出要去刺探，真是我之幸事。不过您想要搬到哪里去住呢？”

“我考虑了一下，觉得东山的高台寺不错。”

“这样的话，我明白了。那么您是自己过去住吗？”

伊东说：“啊，考虑到实施这个计划要做各种准备，我想带几个必需的队友一起过去。”于是带上自己的弟弟铃木三树三郎，以及新井忠雄、高野十郎、毛内有之助、井端三郎、木内峰太、筱崎新八、加纳雕雄、服部武雄、内海二郎、中西升共十一人，还特别说：“请一定要让藤堂平助和我们同往。”又说：“此外还想向您借永仓或斋藤其中的一位。”

近藤爽快地答应道：“这样的话，就让斋藤随您同去，没关系的。”

斋藤一长于剑术。伊东说想借永仓或斋藤其中之一，但二人中只有斋藤是近藤勇的心腹。近藤叮嘱斋藤说：“去探听一下伊东的真意。”斋藤一应允，与伊东等人一同搬了出去。最后近藤同他们道别说：

“再见伊东先生。请千万一切小心。今后如果在街上碰见了，我们就故意装作不认识，不打招呼了吧。”

去往东山高台寺的伊东一党不久之后便和萨州的大久保一藏（利通）暗通款曲，依照他们所谓“真正的勤王”的主张展开了行动。他们时刻在暗中跟踪近藤，企图觑机将近藤一刀砍死，让新选组从幕府的爪牙转型成为一个有自己主张的勤王党。最后通过大久保的斡旋，伊东等人归附山陵奉行户田大和守麾下，号称“山陵卫士”。他们在高台寺门前立起了“山陵卫士驻地”的牌子。

这天，伊东召集众人密议道：“各位，此前我们商量的暗杀近藤勇一事仍未奏功。若要让时势对勤王派更为有利，就要同他们配合，尽可能早地将新选组掌握在手中。这就要求我们尽早杀掉近藤。各位有什么想法呢？”

这时，受近藤密令随众人住在高台寺的斋藤一上前说道：

“先生，暗杀近藤一事就交给在下一个人吧。回头我化装成乞丐躺在新选组门前，等近藤外出的时候就用仕込杖[①]一击把他干掉。不过各位也要知道，这么做的话我也会死在那里的。”

伊东对斋藤的想法深为叹赏，说：

“若真的事有万一，我们一定会好好祭奠你的英灵。”

于是他们决定在当月二十二日行动。当晚，众人连夜做好了行动的各种准备。

近藤命不当绝，伊东惨遭暗杀

伊东甲子太郎为前去暗杀近藤勇的斋藤一做好了各项

① 内部藏刀的杖形武器。

准备。但令人惋惜的是，在这个庆应三年的秋天，伊东的生命也即将随着梧桐的落叶一起凋零。斋藤一不露声色地刺探到了伊东的真意，在暗杀近藤勇行动的三天前[①]，他乔装成乞丐，来到了新选组驻地本愿寺的门前。斋藤悄悄拜托门卫，说希望能同永仓新八会面。永仓闻报，不知是什么事，立刻出来见他。斋藤一对永仓说，想要报告此前队长托付自己的要紧事，要他把近藤带到驻地对面近藤小妾的家里。永仓会意，回去将此事上报给近藤。近藤立即带着副长土方以及冲田总司等人到外宅同斋藤见面。斋藤低声道：

“我奉队长密令在高台寺中住了六个月，总算是看穿了伊东的心思。他们是如此这般商议的……”

斋藤带来的消息令众人非常震惊。他告诉他们，高台寺众人最后决定派自己在二十二日暗杀近藤，以此为信号，伊东一党接下来会杀害本愿寺学林中的新选组众干部。最后，他们准备说服新选组众队员成为自己的同志，也就是要将新选组改造为真正的勤王党，由伊东统领。斋藤将自己探查到的消息和盘托出，又说：

“已经不能再犹豫了，你们应该立刻去做准备。”

近藤听了斋藤的汇报，虽然对这些事情早已有所预

---

① 当时是十一月十日。

料，但还是陷入了沉思。他考虑着该如何将伊东除掉。过了一会儿，他突然想出了一个主意，同众人商量道：

“啊，斋藤用心良苦，在下深表感激。眼下刚好有一件事可以利用。今天早上伊东时隔很久来访驻地，说是为了派遣间谍潜入长州藩，需要借用三百两黄金。我看不妨将计就计，就假装要把金子交给他，把伊东喊来，再在途中将他暗杀，如何？”

大家都觉得此计不错。于是近藤就佯装无事地派遣使者到伊东处传话说：

“今天早上您要借的三百两黄金，就在今晚交给您吧。请您来取。”

伊东对于其中的阴谋一无所知，听完大喜，当夜①就带着四名队员造访近藤的外宅。近藤愉快地同他会面，又热情地招待他，说：

“欢迎来访。会津藩还没把黄金送来，不过等下应该就会送来了。我们就边饮酒边等吧。”

这天夜里月色朦胧。胸怀毒计的近藤从没像今天这样殷勤地招待过伊东。他已经命令大石锹次郎、宫川信吉、横仓甚五郎等剑客到七条街油小路以南一带埋伏，等到夜已深了，近藤说：

---

① 事件发生于十一月十八日。

“我说伊东，今天晚上会津藩本来是一定会把黄金送来的，但刚刚又派人过来说因为突然有事，改在明天早上送来了。明天早上我亲自派人把您要的黄金送过去吧。”

伊东心情很好，站起身来说：

“原来如此。这样的话我就暂且回去吧。承蒙您招待，非常感谢。”

伊东穿过京都微暗的街巷，走到了七条油小路附近[①]。埋伏在那里的宫川一见，飞速拔出大刀纵身跃出，挥刀就朝对面的伊东砍去。第一刀被伊东错身躲过了。伊东随后也拔出腰间的佩刀，一边说着“别开玩笑、别开玩笑”，一边步步后退。就在这时，只见阴暗处闪起了一道刀光，径直扫向伊东的侧脸。伊东的注意力全在前方，来不及防备，只听“啊”的一声惨叫，他已经被这一刀结结实实地砍中。这一刀从伊东的左耳一直切到下颚，令他当场死亡。斩杀的他的人是大石锹次郎。

女子夜吊甲子太郎，伏兵围攻高台寺党

伊东甲子太郎在电光石火间就被人砍死了。见此情景，从高台寺跟随他而来的另外四人大惊失色，四散而

① 伊东是在本光寺前被杀，并非在油小路。

逃。而这边的大石、宫川、横仓三人确认伊东当场死亡后，立刻返回本愿寺学林，向队长近藤汇报暗杀伊东的详细过程。

近藤听后，立即将永仓新八和原田左之助叫来，对他们说：

“两位，伊东甲子太郎早就对新选组心怀不轨，刚刚我已经派人将他杀掉了。他的尸体还丢在七条的油小路，稍后高台寺的人一定会来搬取的。所以我想利用这个机会将伊东一党一网打尽。请你们带二十名队友前往七条。”

夜已深了，近藤、土方和冲田三人将横陈在油小路上的伊东尸体搬到了七条十字路口的正中央，随后便派人去高台寺通知伊东的死讯。

在这之前，高台寺众人已经得知伊东惨死的消息，正聚于一室秘密商议着。而另一方面，永仓和原田命队员们埋伏在各个要冲之地，二人又借用路口的一家荞麦面店，藏身其中，全神贯注地紧盯着路上往来之人。躲在薄薄云层之后的月影十分惨淡，在朦胧月光的掩映下，依稀可以看到被鲜血染红的勤王志士的遗体。

亥时已过，只见一个手执提灯的年轻女子从油小路那边缓缓走了过来。永仓心下暗自称奇，眼都不眨地盯着她。那名女子见四下无人，便径直走到伊东的尸体旁边。就听她说：

“不想伊东先生遭此不幸。”

她就是多年来同甲子太郎相交甚笃的轮违屋的花香太夫的女仆。毕竟是女流之辈，她的眼泪簌簌而下，哭了一会儿就从来时的路回去了。

永仓对原田悄声说：“嗯，这个女人就是高台寺派来查看情况的。”随后做好了战斗的准备。不一会儿，就见七八名武士抬着轿子过来了。那几个人一言不发，默默地把轿子放在伊东的遗体旁边，随后两三个人抬起尸体，准备搬到轿子里去。就在此时，原田开了一枪，给队友们发出信号。二十名队员同时拔刀现身，步步紧逼包抄过去。高台寺众人一见，心知不敌，纷纷争先恐后地逃跑。最后只有毛内蚁之进（有之助）、服部武雄和藤堂平助陷入包围，这三人都猛地拔刀在手，想要杀出一条血路。

原田、岸岛、岛田三人左右夹攻服部武雄，但在服部那锋利的刀下，三人渐觉难以施展，甚至还受了轻伤。原田大怒奋起，把大刀高高举过头顶挥动起来，最后终于刺死了服部。藤堂平助被四面围困，无路可走，只得猛地转身，往永仓新八的方向冲过去。近藤早就叮嘱过永仓：“藤堂和伊东虽然是同伙，但他毕竟是个年轻的可造之才。希望你尽可能留他一命。”故而，永仓一见藤堂过来，就故意闪开让他通过。见老友故意让路，藤堂便飞速往七条的方向逃去。永仓目送他逃走。但就在这时，新选组队员三浦常三郎突然跑过去追上了藤堂，从他身后挥刀砍了过去。

七条街头死斗，离队志士切腹

听到背后“呀”的一声大喝，藤堂平助已经无力躲闪三浦的一击，被这一刀斜砍在背上。但藤堂也不愧是英雄豪杰，被砍到的同时他也挥刀后斩，砍伤了三浦的双膝。此时毛内蚁之进也正往七条方向逃窜。永仓追上他，猛起一刀，结结实实地砍到了他的身体。这时西冈万助也快步赶上，挺刀朝毛内刺去，毛内带伤回身，一刀砍到了西冈的下巴上，此时西冈的刀尖也带着风声深深地刺进了毛内的身体，一阵血雾喷出，毛内当场死亡。

近藤见战事已毕，便立即指挥队员们抱起四人的尸体，暂且先回到本愿寺学林。由于高台寺众人连夜逃走，不知去向，难以追踪，四人的遗体只好由新选组派人安葬在了王生寺中①。三浦常三郎被藤堂平助砍伤双膝，受伤并不严重。但他过去曾受藤堂的大恩，虽说这次是奉了队长的命令，但杀死恩人这件事令他十分痛苦。三浦心中备

① 藤堂等人被葬于戒光寺。

受煎熬，终于病倒，最后因并发神经疾病而死。伊东一派自此烟消云散。

担任新选组调役的茨木司，以及队员中村五郎、佐野七五三之助、富川十郎四人素常便有勤王之志，他们难以忍受新选组的现状，在骚乱发生的这段时间里企图脱队逃走，最终切腹就义。这四人往日就对伊东甲子太郎的勤王之论服膺于心，此前伊东离开新选组别居后，他们常常想要逃到高台寺去。后来有一次，四人随众造访会津藩，他们求见公用人小森数马，说道：

“我们四人素有勤王之志，故而投于新选组麾下。但观察队长近藤勇的所作所为，发现他当初虽然打着尽忠报国的旗号，但实际上从没做过一件勤王之事。这与我们的主张并不一致，所以我们今后想脱离新选组。”

小森听了说：

“这真令我意外。会津家和新选组的勤王思想是从未改变的。如果说新选组事到如今还要反对勤王主张的话，我想这是完全不可能的。”

听他这么说，四人一时不知如何是好。小森见四人如此紧张，便劝说他们不管怎样还是先回新选组才是上策，随后又把近藤勇叫来接他们回去。近藤不知发生了什么事，过来一看才知道事情的原委。于是他对四人说：“不管出了什么事，我们还是先回驻地再做商量吧。”便和冲田总司、大石锹次郎先从玄关出去了。

这时，茨木四人却突然跑进了接待使者的房间。转眼之间，几人已经脱去上衣，用胁差切腹了。近藤等人大惊失色，等进屋再看时，早已晚了。坐在入口附近切腹的佐野平时就对大石锹次郎十分憎恶，这时见大石面如土色地闯入屋中，便奋力将刺入自己腹中的胁差抽出来砍向了大石的膝盖。大石突遭袭击，拧身拔刀，砍死了佐野。房间里顿时一片狼藉，鲜血满地，惨不忍睹。过了一会儿，近藤命人将四人的尸体用轿子抬回去，安葬在新选组驻地。

新选组兴建新驻地，近藤勇暗杀与力头

伊东甲子太郎一党从新选组中分裂出去，但其图谋还未得逞便遭到了惩处。这次事件处理完毕之后，一直因出借学林深为困扰的本愿寺门主在七条堀川以南一带为新选组兴建了新的驻地。这个新驻地从正门到玄关再到室内的设计都富丽堂皇，即使同那些雄伟的诸侯宅邸相比也毫不逊色。不用说，这是门主由于深受炮击声之苦，无奈之下只好采取了这种手段，对新选组敬而远之。近藤听说之后也不禁露出了苦笑。

正在此时，庆喜将军上洛的消息传来了。但与此同

时，大坂的米价突然飞涨起来。京都和大坂的贫民们顿时陷入极大的恐慌之中，像发生饥荒一样骚乱起来。因此，不愿将军上洛的人变得越来越多。不仅如此，萨摩、长州、土佐又开始散播更加阴险的谣言。新选组多次听到市民们诉苦的声音，觉得事情十分蹊跷，便派遣队员山崎烝化装成町人前往大坂探听情况。

山崎在堂岛暗中刺探，查到了一个叫作内山彦次郎的与力头。这个人是长州派系的人，就是他奉了倒幕党的密令刻意哄抬米价。当时的社会奉行武力至上主义，所以他可以凭借武力强行命令大商人抬高米价，这样一来，米价就涨个不停了。而且，内山这个人早就料到自己会招来幕府方的敌意，所以一直对遇刺有所防备。他不仅严密地盯防着自己的住所，还打通了卧室壁龛的墙壁，在那里装了一个暗门，若有紧急情况，他就可以立刻躲到密室里去。所以，新选组想要杀死他也并非易事。若想暗杀山内，就只能等到他前往奉行所执勤的时候。山崎了解到详细情况后，立即折返京都，向近藤队长汇报。

近藤听完汇报后，选出副长土方岁三及冲田总司、永仓新八、原田左之助、井上五郎、岛田魁等约十名武艺高强的队员，亲率众人暗中南下大坂，落脚在京屋忠兵卫处。这时他们已经打探到，内山通勤时必然会经过天神桥，于是他们立即拟定了行动方案，准备等内山回家时，在路边夹道伏击。

内山每次外出时都一定会带上剑客和相扑力士各两名，让他们护卫在自己轿旁，以防万一。这天夜里，内山事务繁忙，过了亥时才走出奉行所的大门。见他出来，新选组派出的探子立刻返回京屋报告。近藤等人早已等候多时，闻报便迫不及待地前往天神桥左右埋伏。透过昏暗的夜色，他们看到有人抬着一顶轿子飞速走了过来，不一会就到了桥边。众人确认那正是内山的轿子，便纷纷拔刀，从两旁跃出。护卫在旁的剑客和相扑力士一见明晃晃的钢刀，吓得喊了一声，撒腿就逃。土方从左边跳出，率先提刀往轿中刺去，只听“啊”的一声，内山从轿子右侧的窗户滚了出来。从右边进攻的近藤顺手一刀就砍下了内山的头。他们本意是想把内山的首级拿去示众的，但这时候对面似乎正有行人过来，近藤觉得被人看到会造成麻烦，便在纸上写了“被天下之义士所诛”几个字，放在了内山尸体的胸口上，带领众人离开了。

他们回到京都后，将暗杀内山的过程详细地写了下来，最后又附记上一句：“为肃清武士风气，应将内山贬为平民。”他们将这张纸贴在老中府邸的正门上。后来，穷人们都知道暗杀内山一事是新选组所为，无不称颂他们的功德。

纪藩智囊遇刺，天满屋中混战

庆应三年秋天，萨摩、长州、土佐三藩结盟，剑指倒幕，南方的志士们接连潜入京都。纪州侯是德川御三家之一，又一直是佐幕党的中坚力量，在京都很有威望，所以首先招致倒幕志士的怨恨。特别是纪州藩的才俊人物三浦休太郎，他在藩中担任公用人，被人称为“智囊”。于是，他就首当其冲成为萨、长、土三藩志士的暗杀目标，志士们都认为“应该杀掉三浦”。这件事已经是公开的秘密了，大家只是不知道刺客会何时来袭而已。

纪州侯得知后十分忧心，这天，他派遣使者到新选组，说要召见近藤勇。近藤立刻赶赴纪州侯在本愿寺境内的兴正寺中所设的馆驿。见面之后，纪州侯拜托他：

“本藩公用人三浦由于如此这般的原因而身陷危机，希望你们能在他身边保护他。”

近藤问清具体情况后就退下了。回到新选组后，近藤召集队员，将纪州侯的请求告知他们。近藤说：

“在下想来，三浦休太郎的个人安危倒是小事，不过他若横死，会让纪州藩的立场出现很大的动摇。所以，为了国家我们一定要帮助他们。各位觉得如何呢?”

众人都深以为然，于是当即分派大石锹次郎、中村小次郎、斋藤一、中条常八郎、梅户胜之进、宫川信吉、蚁通勘吾、舟津镰太郎、前野五郎、市村大三郎十名队员前往三浦所住的旅店“天满屋”。休太郎的房间在中二阶①，有八叠大小，分成里外两个小间。三浦自己住在里间，新选组众队员则守在外间。他们刀不离身，若遇突发情况，时刻都能跃起应战。

听闻此事之后，萨、长、土三藩志士越发觉得一定要刺杀三浦。于是他们选出二十名剑客，准备前去暗杀三浦。这天傍晚，三浦正与负责护卫他的新选组队员们饮酒。这时，土州志士中井庄五郎来到正门前，喊道：“有人吗?”随后态度圆滑地对出来传话的三浦家臣三宅清一说：“三浦住在这里吗？如果在的话，麻烦您帮我通报一声。”

三宅不明就里，答道：“在的。请您稍后。”然后转身往二楼走去。他刚绕过隔扇，正要低头禀报说：“报告，正门现在有……”话音未落，跟在他身后上楼来的中井便在后面一脚踹翻了隔扇，像一阵风一样闯了进来，拔出佩刀，朝着坐在主位上端着酒杯的三浦砍去。

队员们听见“呀”的一声大喊，纷纷跃起身来护住了三浦。这时，前来刺杀的二十名志士全都闯了进来，

① 一楼二楼之间的阁楼。

狭窄的二楼顿时成了拥挤喧嚷、人头攒动的小巷。三浦被中井开始的那一刀砍中了右颊，新选组队员架着他趁乱从屋顶逃走了。这时，“天满屋”中已开始了一场大混战。

斋藤敌住了两三名刺客，用他擅长的刺击把这几人全部收拾掉了。梅户被一名力大无比的志士踊身抱住，被对方拖倒在地，随即被另一人一刀砍中。年轻的中村小次郎正与一名土州武士对战，不料二人一起从二楼摔下，“哗啦”一声跌进了水池。那名土州人刚好身处下方，就被小次郎一刀刺穿了咽喉。小次郎见水池旁还有五六人正等着他上来，便跳出水池大喊道：“来堂堂正正地决一死战！”上前和敌人斗在一处。等永仓新八、原田左之助听到急报赶来时，那些志士已经逃走了。逃生的三浦休太郎日后当上了贵族院议员，就是颇有令名的三浦安。

【解说⑤】簇新的火种：伊东甲子太郎加入新选组

新选组减员严重，有的在池田屋事件和禁门之变中战死，有的则是被肃清或逃走，所以必须募集新的队员。近藤曾说过“队员仅限于关东武士”，希望招募到有坚定信念的剑客。于是藤堂平助奔赴江户，造访伊东甲子太郎的道场。两人是旧识，藤堂昔日又是伊东的弟子。伊东在深川佐贺町开设北辰一刀流的道场，其门人弟子大多数受其思想影响，成为有水户学思想背景的勤王派。对水户学也颇有兴趣的近藤勇立刻接见了伊东，二人意气相投，近藤允诺伊东以干部的身份加入新选组。

其他新加入的队员有：伊东之弟铃木三树三郎、筱原泰之进、加纳道之助（鹫尾）、服部武雄、佐野七五三助、内海次（二）郎、中西登（升）等人。

土方曾对芹泽派那种目中无人的态度颇为忌惮，这次，他对伊东的态度也非常审慎。但伊东是个知识分子，颇有绅士风度。

元治元年（一八六四）十一月，随着伊东入队，近藤决定对新选组进行第三次改组：

局长　近藤勇

副长　土方岁三

一番队组长　冲田总司

二番队组长　伊东甲子太郎

三番队组长　井上源三郎

四番队组长　斋藤一

五番队组长　尾形俊太郎

六番队组长　武田观柳斋

七番队组长　松原忠司

八番队组长　谷三十郎

补给管理　原田左之助

其他职务　八人

普通队员　四十人

伊东等人的加入确实增强了新选组的实力，幕府对他们也愈加信任。然而，队内渐渐形成了近藤派和伊东派两个派系。

次年三月，新选组的驻地从壬生村搬到了西本愿寺北会所。六月，队伍进行了第四次改组。伊东被提拔为参谋，三树三郎被提拔为九番队组长。这次改组是为了应对第二次幕长战争[①]所进行的安排。伊东被任命为参谋，近藤勇的知人善任由此可见一斑。近藤还在队内提拔人才，将具有一技之长的人任命为师范。剑术师范是冲田、永仓、斋藤，柔术师范是筱原、松原，枪术师范是谷，还安排了炮术师范和文学师范，可谓是广泛提拔贤才。

九月，新选组收到消息说幕府将要再征长州，于是进行了第五次改组。改组后，伊东和武田为军奉行，冲田和

① 幕府曾于1864年和1866年两次征讨长州藩。

永仓为步枪头领，谷和藤堂为大炮头领。此时队员已经增加到了二百人。

伊东成为新选组干部之后便开始筹划计策，以图促使新选组转型成为一个致力于勤王运动的组织。十一月四日，幕府派永井尚志为长州讯问使，并命令新选组随行。近藤化名为内藏助担任永井的杂役，伊东担任中小姓①，武田担任近侍，尾形担任徒士②。

庆应二年（一八六六）一月，伊东与近藤一起前往长州藩，伊东开始宣扬勤王论。九月到尾张出差回来之后，他渐渐与近藤、土方敌对起来。次年，化名为宇田兵卫的伊东在新井忠雄的陪同下前往九州，这时他决意脱离新选组。伊东与近藤商量说“想要派间谍潜入萨、长二藩，留在新选组的话会有些麻烦”，请求近藤的理解。近藤同意了他的请求，但并没有相信伊东的说法。近藤暗中命令斋藤一混入伊东一派。

六月八日，伊东一派进入高台寺月真院，自称“御陵卫士”。伊东对队友们讲述了杀掉近藤、夺取新选组的计划，斋藤随后将之通报给近藤勇。

伊东曾向近藤求借资金。庆应三年十一月十八日，近

① 下级武士的一种，地位在侍和足轻之间。

② 一种徒步战斗的下级武士。

藤将伊东叫出来，说要将这笔经费交给他。在酒宴上，近藤灌醉了伊东，并在伊东回去的路上将他暗杀。随后，他们又歼灭了来搬运伊东尸体的伊东一党。这就是世间所谓的“油小路事件”。后来，为了报仇，伊东派余党还曾在墨染狙击近藤勇。

伏见鸟羽的激战

德川庆喜奉还大政，永仓新八泪别爱女

新选组度过了一段相对平静的日子。这时，天下形势已经发生了巨变。德川幕府已经名存实亡，即将迎来奉还大政、将军撤职的悲惨命运。被仰仗为幕府支柱的会津肥后守自从与萨州决裂以来也失去了在朝廷中的实权，仅仅剩下京都守护这个头衔，只能对萨摩和长州士兵的飞扬跋扈束手旁观。

在庆应三年即将过去的十二月九日，传来了朝廷要派三条公为敕使到二条城面见庆喜将军的消息。负责随同护卫的是萨州军队。当日，五百会津藩兵、幕府见回组以及新选组到二条城进行警卫，但最后敕使取消了行程。这一天，奉行勤王的各位公卿，萨摩、长州、土佐、肥前等藩

侯，以及萨摩的大久保、土佐的后藤[①]等在倒幕派中举足轻重的人齐聚皇宫，热烈讨论王政复古之大义。维新革命已在分分秒秒中逼近。次日[②]，德川庆喜突然离开二条城，前往大坂。

十一日[③]，会津公用人传令新选组，命他们离开堀川的驻地南下大坂。这自然也是形势所迫。队长近藤便命令队员们做好出征准备，前往大坂。天亮之前，新选组队内队外一片混乱，这时又有人报告说，萨、长之兵已经在七条一带驻防，那边已经无法通行了。之前，与永仓新八十分亲密的岛原花街龟屋的艺妓小常怀上了永仓的孩子，并在这一年的七月六日为永仓产下一女阿矶。但小常产后恢复得很差，终于身故。阿矶被寄养在住在祇园大和桥附近的小常姐姐那里。永仓听说之后，深觉可惜，但队中要事繁多，无法抽身，只好派一名杂役将小常的遗骨安葬在松原街的新胜寺。这时，永仓听说乳母带着阿矶来见他。但现在新选组内如此混乱，实在无法在队里相见，永仓只好借了对面蔬菜店里的一间屋子，父女匆忙见了面。乳母流着眼泪说：

“小常临死前说，如果可能的话，希望把这个孩子交给你来抚养。”

---

① 指土佐藩藩士后藤象二郎（1838～1897）。

② 应为十二日。

③ 应为十四日。

但无奈眼下永仓正要出征，只好说：

“这是五十两黄金。你到江户松前藩邸，交给永仓嘉一郎，另外再把这个荷包给他。他认得这是伯母的遗物，一定会收留这个孩子的。啊，我们父女第一次见面，我却就要出征了，这一去也是生死难卜。唉，喝一杯辞别酒吧。”

即便永仓多年来久历战阵，此时看着女儿，也忍不住流下了慈爱的泪水。

永仓与爱女作别，虽然难舍，但也只得咬牙回到驻地。当天日暮之前，永仓与队友们一同离开了堀川的驻地，赶赴大坂。他们首先落脚在北野天满宫①。抵达之后，队长近藤立即到城内向会津侯禀报，会津侯命令新选组防守伏见一带。于是新选组又绕去伏见，会同会津藩的林权助及其子又三郎麾下的三百名士兵，还有幕臣竹中图书头、松平丰后守麾下法式传习队②的五百名士兵一道，在伏见一带展开了严密的防守。

新选组驻守伏见，近藤勇路遇暗杀

新选组奉命驻守伏见一带，大本营就设在伏见奉行

---

① 北野天满宫位于京都，此处应为大坂北区的天满宫。

② 江户末期德川幕府的一支精锐部队，由法国军事顾问团副长朱尔斯·布奈特进行指导操练。

所。当时的大坂城内，有因萨、长二藩横行而激愤无比的主战派，也有对局势表示乐观的主和派，双方每天都要聚在一起争执不休。但由于幕府的首脑德川庆喜将军早已下定决心隐退，因此主和派最终占了上风。虽然如此，那些有志于佐幕的人们见萨、长之人假朝廷之威恣意打压幕府，内心仍旧悲愤至极。无奈大势已去，他们也毫无办法。而且，萨、长二藩的手中还握着指责将军“擅自离京”的讨幕密敕①。

转眼之间，再有四五天，庆应三年就过去了。为了在伏见市内执行警备，新选组派出队员外出巡逻。但外出巡逻的队员们常常带伤归来。副长土方岁三觉得这件事很可疑，就拜托永仓新八先去市内巡视看看。当晚十时前后，永仓带上十名队员出门了。岛田魁、伊东铁五郎、中村小次郎等人都是能以一当百的勇士，他们拿出一见可疑之人就一刀砍死的气势，在市内横冲直撞地穿行，不过连一个人都没有遇到。正当他们渐觉扫兴，快要走回驻地的时候，发现有十个人像壁虎一样伏在旁边的土墙上。永仓大喝道：“什么人？”那些人就纷纷逃走了。

永仓不敢大意，回去向土方如实汇报。第二天早上，

---

① 1867 年 10 月 14 日，明治天皇交给萨摩、长州两藩的秘密敕令，指示他们讨伐德川庆喜。

永仓又拾到一封可疑的信。仔细一看，发现是自己的部下小林启之助写给筱原泰之进的。筱原正是已被新选组暗杀的伊东甲子太郎的余党。永仓便拆开信，发现里面写的全都是新选组的机密，连前一天晚上永仓等人外出公干的事都写得一清二楚。永仓把这封信拿去给副长土方看，土方觉得目前正是多事之秋，如果队员们得知队里出了这样的背叛者，恐怕会军心动摇。他们决定把小林勒死之后悄悄埋掉。

于是，永仓若无其事地将小林启之助叫来，带到了土方面前。土方目光锐利地盯着小林的脸，对他说："有事找你。"小林低头行礼说："是。"这时，膂力过人的岛田魁扑过去把他勒死了。

二十七日[①]，在京都二条城中的永井玄蕃头派人来叫近藤过去。近藤从那边回来时，夜已经深了。他与岛田魁等四人骑马路过墨染时，在松原埋伏的伊东甲子太郎之弟铃木三树三郎、筱原泰之进、阿部十郎、内海二郎等高台寺余党用火枪瞄准了径直过来的近藤，开枪了。

"不好，有埋伏！"几人喊道，正在环视周围时，一发子弹早已射中近藤的右肩。中弹后的近藤飞马往伏见逃去。剩下的石井清之进和近藤的仆人久吉不幸死在了

① 应为十八日。

枪弹和乱刃之下，而岛田魁和另一个人则奇迹般地逃得了性命。队员们听说有人袭击队长，纷纷持刀赶往现场，等他们赶到一看，敌人早已逃走了，地上只留下了石井和久吉的尸体。众人将他们搬回去葬在伏见的寺庙中。近藤到大坂城中养伤，这段时间新选组交由副长土方岁三指挥。

维新革命战事再起，永仓新八威震伏见

庆应三年终于过去，人们迎来了庆应四年的正月。这个月又是多事之秋。永仓新八则迎来了他大显身手的舞台。他的作战愈加英勇，闻名遐迩，令萨、长名士闻之色变。正月三日，新选组的冲田、永仓、原田等二十五六名队员前往奉行所的集会所，众人坐在一起，用木槌敲开酒瓮，共饮滩五乡出产的铭酒①。到了下午四时许，就见萨摩藩的兵马拖着大炮陆陆续续爬上了御香宫神社所在的那座山——从那里正好能够俯瞰伏见的幕府军营。这已经是濒临开战的态势了，永仓等人都做好了随时出战的准备。当夜七时许，御香宫那边率先开炮了。

---

① 滩五乡是日本著名的酒产地之一，为西乡、御影乡、鱼崎乡、西宫乡、今津乡的总称。铭酒是带有牌号的高级美酒。

伏见市内的标志性建筑物首先成为炮击的对象，被逐一摧毁。有十发炮弹打到了奉行所，燃烧弹和炸弹相继落在集会所的屋顶上，屋中变得十分危险。副长土方将新选组队员召集到庭院里，下达了迎战的命令。他们先用奉行所中配备的一门大炮对准御香宫开火，结果萨摩兵的炮击变得更加猛烈了。炮战进行了大约半个时辰之后，新选组决定派永仓新八率领二番队作为敢死队冲击敌阵。

永仓立即率领伍长岛田魁和伊藤铁五郎等手下众队员翻过土墙，呐喊着冲往萨摩军阵。野津镇雄麾下的萨摩男儿虽然久负盛名，但见了永仓等人以必死之气势挥舞着大刀冲过来的英勇姿态，心生胆怯不敢接战，只好后退。永仓率队追了三町左右，就见两旁的民居中窜出火苗，挡住了他们前进的道路。众人无奈，只好撤回到奉行所墙边，暂时回归大本营。这时永仓新八由于身上装备过重，难以爬上土墙，伍长岛田魁见了，便把枪伸出让他抓住，接着轻轻松松地就把永仓提了上去。人们见到这一幕，无不对他过人的臂力表示惊叹。

但萨摩军的炮击并未间断，奉行所已经被烧毁了。新选组无奈只得从正门离开，前去与会津军会合。长州兵已经在距离正门二町远的地方部署了两门大炮，正严密地防守着这边。出门右转便是一条通往御香宫的山路。会津军向这个方向大举进攻，呐喊着冲击敌军，敌人不敌溃逃。

会津军一直追到桃山一带才收兵回来。不过这时候长州军又在奉行所门前的民居中放火，断了会津军的退路。众人只好在火中穿行，好不容易才回到奉行所。法式传习队队长竹中图书头见形势如此，便提议说：

“我军虽然战胜，但敌军全都占据着高地，恐怕最后形势仍会对我方不利。那么，我们暂时撤军到淀城如何?”

会津藩的林权助、幕臣松平丰后守以及新选组副长土方岁三都对此表示同意，于是众人立即合兵一处，走鸟羽街道，进军大坂。这时已是正月四日的凌晨三时了。鸟羽街道的入口正由大垣藩把守着，于是幕府之兵也加入其中，增强了这里的防守。长州兵随即追到，双方又一次爆发了激烈的战斗。见幕府军不敌溃退，会津藩和新选组便上前接替他们作战，终于将长州军击退。

新选组激战鸟羽，幕府军退守大坂

日后制霸天下的究竟会是德川幕府还是勤王党？伏见鸟羽之战就是决出鹿死谁手的分水岭。虽说新选组无疑也算是勤王党，但由于一直备受幕府恩顾，不知不觉间，他们已经成为所谓的“佐幕勤王党”。按当时的天下形势来看，这样的立场显然是不合时宜的。永仓新八等人也只不过是不假思索地赌上性命为新选组效忠，从而参加了这次战争。大多数队员基本也都持类似的想法，为新选组而奔走。

正月五日，长州军大举南下，攻击鸟羽街道。新选组与会津军合兵防守，一度反攻到东寺入口，但由于长州军火烧民宅，众人只得放弃追击，回防淀小桥。这次战斗中，会津藩七十岁的老将林权助以古稀之躯英勇奋战，身中八发子弹，不幸战死沙场。其长子又三郎接替他担任大炮队队长，猛攻驱散了长州部队，令敌人无不胆寒。次日早晨，佐佐木只三郎率三百幕府兵前来支援，接管了鸟羽口的防守任务。于是新选组便离开鸟羽街道，驻扎在淀堤附近的千本松。

随后，一队萨摩军携两门大炮气势汹汹地到达千本松，枪弹立刻像雨点一样打了过来。新选组的火枪不够，永仓新八等队员便各自轻装上阵，与萨摩军短兵相接，挥刀奋力砍杀起来。双方都是血气方刚的英武之士，血战了两个多时辰，两边都死伤甚众。最后新选组终于将萨摩兵赶走。考虑到穷追不舍可能会导致与其他部队失去联系，新选组众人追到中途就折返回来。萨摩兵一见新选组回兵，重整士气再度追来。众人见小桥边有一尊被萨摩军丢下的大炮，便掉转炮头朝敌人开火。新选组众队员趁敌军在炮击下畏缩不前的机会撤到淀城城下，与会津军会合。

然而此时，萨、长两藩之兵已经陆续乘小船从对岸渡过淀川，正准备涌入淀城。会津军抵达淀城正门，要求入城，但城主稻叶长门守宣称有天皇敕命，严词拒绝他们入城。于是幕臣松平丰后守、竹中图书头以及新选组副长土方岁三等人决定退往大坂。永仓新八为了阻拦敌人的追击，将民宅中的门、隔扇、榻榻米等物堆在淀小桥上点火，但火势没能如愿延烧。为了保证全军能够顺利撤入大坂，会津军首先将五十名步兵以及土方岁三所率的五十名新选组队员部署在桥本宿入口进行防御，再令永仓新八、斋藤一率二十名队员守在八幡山山腰处，以作接应。

淀城城下瞬间就被战火吞没了。幕府方的军队陆续开始总撤退。萨、长之兵喊着“冲啊”，开始追击。随处都能听到枪炮声和呐喊声。幕府军屡次陷入危境，死伤甚众，撤退路上到处都是堆积倒卧的尸体。会津藩林又三郎、幕臣佐佐木只三郎等著名勇士接连战死。八幡山麓一带的战斗尤为惨烈，桥本宿最终还是落到了萨摩藩手中。身处八幡山山腰的永仓新八与前后军都失去了联系，无法得知战况。听说桥本宿被敌人攻陷，他们只得下山，且战且走退到大坂。永仓在撤退中指挥若定，军中之人纷纷议论，说他打了一场不输于古代名将的漂亮的撤退战。

桃井暗中投敌，将军东下江户

从伏见、鸟羽退守大坂的幕府军虽然仍在坚持战斗，但实际上，战局已经对其十分不利。永仓新八与斋藤一率队入城后，见新选组正在副长土方岁三的指挥下于城门上架起大炮，队员们都摩拳擦掌，等萨、长之兵一到就大战一场。

在庆喜将军的护卫队中，有一个名为“游击队”的组织，一直与将军共同进退。其队长是江户首屈一指的剑道高手桃井春藏，他文武双全，其麾下网罗了榊原健（键）吉等众多名驰后世的剑客。但桃井早已与萨摩、长州、土佐的志士暗中勾结，与勤王党互通声气。他一直在盘算着该如何趁大坂城内混乱时给幕府一方致命一击，于是，他趁人不备，在将军德川庆喜卧室附近的“柳之间”放了一把火。

惊逢此变，新选组队员一边喊着“追上他”，一边追杀桃井。但桃井飞速逃到土佐藩的栈房里去了。近藤勇接连收到萨摩、长州之兵大举南下、进攻大坂的战报，建议道：

“在下负伤未愈，但见幕府军战事不利，不忍坐视。请暂借游击队和见回组予我，在下必将萨、长之兵赶回京都，挽回战局大势。这段时间便请将军从海路回归江户，尽起关东之兵，再图上洛之策。如何？”

然而此时，将军德川庆喜已经紧急下达了东下的命令，命会津、桑名两藩及新选组负责警卫。幕臣全员暂归纪州德川家统领，仅指名松平肥后守、松平越中守、御老中板仓周防守以及若年寄①永井玄蕃头几人陪同。

出发之前，新选组从大坂城的宝库中搬走了十万两黄金，运到船上。将军与亲随上了军舰“富士山丸”，警卫队上了汽船“顺德丸”。正月十日，一行人依依不舍地从大坂出发了。② 实际上，将军与幕府重臣得以轻而易举地返回江户，也是萨摩藩西乡吉之助早已设计好的桥段。当时萨、长联军仅有三千人，若要贸然同近一万五千人的幕府军交战，伤亡必定十分惨重。所以他故意给幕府留出了一条退路。

“富士山丸”与“顺德丸”首尾相衔开往江户。正月十二日上午四时，两船在品川湾抛锚。将军与幕府众官吏立即下船进入江户城，只有新选组暂时落脚在品川的一家名为“釜屋”的小旅店内。直到正月二十日，新选组才

---

① 江户幕府官职名。直属将军，负责旗本、御家人等的管理。

② 此处及以下叙述有误。将军乘“开阳丸”于八日离开大坂，十一日到达品川；“顺德丸”于十日起航，十二日到达品川；“富士山丸”于十一日起航，十五日到达品川。

全员搬到了大名小路的鸟居丹后守官邸中。近藤勇检视队中成员，发现新选组在伏见鸟羽之战中折损了副长助勤井上源三郎、山崎烝，会计青木牧太夫，伍长伊藤铁五郎、池田小太郎以及其他队员共二十余名，仅剩下副长土方岁三，副长助勤永仓新八、冲田总司、斋藤一等四十余人。

既然已经回到了暌违多年的江户，近藤便下令众队员暂时休养生息。队员们得到了在江户城中四处游逛的机会。新选组的威名在江户也广为人知，因而队员所至之处，无不受人欢迎。

【解说⑥】战败离京

大政奉还以及王政复古的天皇敕命让德川政权土崩瓦解。新选组离开了不动堂村的驻地，前往伏见奉行所。庆应三年（一八六七）十二月九日，新选组受命改名为“新游击队御雇”。十二日，他们将此名号奉还，仍冠新选组之名。十八日，近藤勇遭高台寺党刺杀，到大坂城接受幕医松本良顺的治疗。据说此时冲田总司也一同前去治病了。所以，近藤和冲田都没能参加鸟羽伏见之战。近藤离队这段时间，新选组由土方岁三负责指挥。

庆应四年一月三日傍晚，旧幕府军从大坂进军，进逼鸟羽小枝桥，与新政府军（一千五百萨摩兵、一千长州兵）对峙。新政府军的兵力还不到旧幕府军兵力的六分之一。萨摩藩的西乡隆盛将大本营设在东寺，负责指挥战斗。

两军互相盯防时，萨摩军开始对空放枪。枪弹的光芒照亮了夜空，甚至在伏见都能看得清。西乡曾说，“鸟羽的一声炮响，比得到百万友军还更令人欢喜”（『伊集院兼寛手記』），对新时代的到来表示欣喜。

鸟羽伏见之战的火药桶被点燃了。旧幕府军处于下风口，每次开枪，旧式火枪的黑色火药粉末都会喷溅到人的脸上，寒风裹挟着雨雪又把士兵们的衣裤全都打湿了。虽然幕府军兀自苦战，但战况已经变得对其极为不利。与其相比，新政府军装备的则是射程很远的新英式火枪。旧幕府的见回组与游击队冒着枪弹，在鸟羽同新政府军展开了拉锯战。

严格地说，鸟羽伏见之战应分为鸟羽之战和伏见之战。

战场转移到伏见，驻扎在伏见奉行所的土方岁三等人召集起新选组队员，拿出滩五乡出产的铭酒招待众人。这酒应该是滩五乡的高级美酒，比伏见出产的酒更加美味。最终新选组率先挑起了战斗。会津军烧毁了萨摩藩在伏见的公馆。而据《浪士文久报国记事》所载，则为“新选组亲自到萨、土公馆放火”。

《新选组始末记》中记载："就见萨摩藩的兵马拖着大炮陆陆续续爬上了御香宫神社所在的那座山——从那里能够俯瞰伏见的幕府军营。"萨摩军将弥助炮装配在视野良好的瞭望高台之上，朝着新选组所在的伏见奉行所开炮了。随后，御香宫与伏见奉行所之间展开了激烈的炮战。

土方判断持久战将对新选组不利，因此命令长于剑术的永仓新八率队挥刀冲击敌阵。书中这一段描写是那种只有身在战场的人才能见证的场面，永仓在讲述时也历数了自己的战功。然而永仓未能成功闯阵，翻墙之时，又多亏了巨汉岛田魁的相助。

新政府军不仅装备更加精良，粮草也远比幕府军充足。萨摩军在伏见的饭馆中烧饭，没有任何食物短缺的问题。而旧幕府军游击队队员堤兵三郎则叹道："我们到中书岛附近无人的民宅中搜罗正月时上供神佛所用的年糕，又烧出很多炭来，把年糕扔进去烤。我们吃掉烤热的年糕，总算能够取暖充饥了。"（『徒草叢書』）

最后，会津藩大炮奉行林权助脸上连中八发子弹，战死沙场。土方决定向淀城撤退。但淀藩藩主稻叶正邦正在江户出席老中会议，不在淀城。负责守城的人拒绝开城，称："若要我方开城支援的话就出示敕命。"在土方看来，这样的行为无异于背叛。

正月三日的夜里，西乡视察伏见方面的战况，说：

“明日立起锦旗，再将大本营设在东寺，应该能够让官军的气势倍增。”他请求使用作为天皇军队证明的锦制御旗的许可。四日，新政府军的本营中终于飘起了天皇的御旗，这让对出兵尚且犹豫不决的艺州①、土佐二藩也加入了“官军”的阵营，决定出兵。

正月五日，西乡意图趁势一口气击败旧幕府军，因而从东寺出兵，进军仁和寺宫，将御旗立在富之森。这样一来，旧幕府军就成了“叛贼”，而新政府军则成了“官军”。德川庆喜之母出身于有栖川宫家，也是所谓的皇室血脉。庆喜见自己已被朝廷舍弃，战局剧变，心灰意冷之下决定东归。新选组也乘幕府军舰“富士山丸”和“顺动丸”回到了江户。

自从作为浪士组上洛、改称“新选组”以来，到如今东返江户，队员们已经度过了五载春秋。

① 即广岛藩。

近藤勇的末日

花魁醉酒惊四座，壮士挥刀溅血雾

永仓新八等人回到了睽违多年的江户。这天，永仓与队友岛田魁、中村小三郎、蚁通勘吾、梅户胜之进、前野五郎、林小五郎等一起，到洲崎的“品川楼”玩乐，这个店是当年吉原花街被火烧后转移到深川的。他们将小龟、嘉志久、红梅等花魁悉数喊来，又招来其他六名艺妓，宴席上热闹非凡。队员们全都举起大杯痛饮，无不面色绯红，欢歌起来。但只有陪着中村小太郎饮酒的嘉志久一直杯不沾唇。永仓见了，觉得可疑，于是问起来。小龟太夫答道：“嘉志久喝醉之后会撒酒疯，所以楼主禁止她饮酒。”

中村听了说：“这没关系的，在下准许你喝酒。”于是他往洗杯皿中满斟了酒，让嘉志久一口气喝了两三杯。嘉志久立刻酩酊大醉，一扫适才的娇媚之色，开始对席上众人恶语相向、谩骂起来。这样一来反而博得了满座的喝彩。

次日众人依旧流连花街，还与花街大门的负责人商量，到花街之外搞了一场史无前例的花魁巡游。随后又在享有盛名的饭店“洲崎楼”里举办了一场盛大的酒宴。第三天众人仍然留在“品川楼”中消遣作乐。永仓连日饮酒，觉得有些厌烦了，便想找个清静的地方优哉游哉地打发时间。他没和队友们打招呼，一个人偷偷从“品川楼”的后门溜出去了。

后门外的这条小巷两旁都是些小格子店[①]和长屋之类的建筑，因而十分狭窄。永仓跟着前面的一群年轻人上了一座桥，不小心撞到了对面走来的三名武士。永仓带着醉意，向对方招呼说：“失礼了。”说完就想错身过去。

但那几人回头说：“道歉就完了吗？”

永仓怒道：“什么？”便撩起衣服下摆，手握刀柄准备拔刀。但那三人已经快步走过去了。永仓未加多想，就摇摇晃晃地继续往前走了。那几人见他并无防备，就把刀高高举起，追上永仓，从后砍来。路上的年轻人们见了纷

① 一种寄售式店铺。

纷惊呼道："啊，那位先生！"

永仓听到他们的喊声，觉察到对方已经开始攻击自己，但他已经来不及转身了。他急忙侧身拔刀，接下了对方虎虎生风劈下来的一击。回身再看时，只见那名武士的侧脸已经被他砍伤了，正倒在地上呻吟。永仓眼睛下面也受了一道轻伤。

"下个谁来？"永仓高喊。另外两名武士吓得肝胆俱裂，都逃掉了。附近的人们立刻骚动了起来。永仓擦干净刀上的血，又回到了"品川楼"。这时候其他队员也已经听说了这件事，正要出门帮他。见永仓平安归来，嘉志久太夫顺手接过他的刀，动作灵巧地擦拭起来，甚至还娴熟地用砥粉帮永仓打磨了刀刃。永仓觉得这个女人很不可思议，就问她：

"你从哪里学来的这些？"

嘉志久呵呵笑着回答说：

"我从小身体就很弱，不过很喜欢男孩子的名字，就管自己叫伊东甲子太郎。"

永仓乍听到伊东的名字，心中蓦地一惊，继续问下来才知道嘉志久与新选组那位伊东甲子太郎并没有任何关系。嘉志久还从衣柜中取出一柄刀来给永仓看，那居然是一把有锻造铭号的好刀。当日众人一同归队，虽然"品川楼"的楼主一再推辞，他们还是赏给了他百两黄金。

队员们回到新选组的本部，副长土方见永仓眼睛下面有刀伤，就问他："这是怎么回事?"永仓便对他讲述了在洲崎花街发生的种种事情以及负伤的经过。土方听了说：

"不要轻身犯险，今后还是要自重一些。"

这件事就这样告一段落了。

左卫门纳金万两，近藤勇议取甲府

萨摩、长州、土佐之兵冠上了"官军"的名号，进军东海道。沿途各藩的藩主有的投降，有的则逃到江户。二月二十八日①，将军德川庆喜移居上野宽永寺以表反省之意，新选组作为其警卫，驻扎在上野山中。

当时，法国同情幕府，而英国则支持萨长联盟。倘若国内的内讧长时间继续下去，那么就有可能招致外国的干涉。着眼于保全维新大业，具有超凡远见的萨摩藩的西乡吉之助和幕府的胜海舟共同引导了时局大势。他们促使双方兵不血刃地实现了江户开城，并敦促外国严守中立。身为幕臣的胜海舟在外交舞台上出人意表地大展身手，展现了惊人的能力。

江户浅草的新町有一位团（弹）左卫门，又名矢岛

---

① 应为二月十二日。

（野）内记。他是全国贱民的总头目，掌握着主流社会之外的一大势力。据说他一句话就能够调动全国范围内的十万贱民。有传言说萨州想要给他武士身份以示拉拢之意，幕臣松本顺便先发制人，说要将他“推荐为旗本武士”，以便让其归顺幕府一方。内记听了大喜，立誓道：“此后无论发生什么事，我都将听命于幕府。”松本立即办理了手续，赐予他御目见得以上[①]的身份，从属于御书院组之列，甚至连领取应时制服的事情都叮嘱到了。内记一下子就得到了破格的提拔，作为感谢，他向幕府献上了一万两黄金。他还挑选出一百名手下接受法式训练。松本想要将这百名步兵交给新选组统率，于是找到近藤商议此事。

这时近藤勇正在筹划着凭自己的力量拿下甲州城，并让德川庆喜转移到城中，正是急需兵力的时候。听了松本的建议，近藤当即允诺下来。德川庆喜已经在私下里认可了近藤的计划，所以这一天，近藤勇将新选组的各位干部——副长土方，副长助勤冲田、永仓、原田、斋藤、尾形，调役大石、川村等人——召集起来，将这个计划告知他们。倘若能够将甲州城的百万石领地顺利拿下，队长将得到十万石俸禄，副长为五万石，副长助勤每人三万石，调役每人则将分到一万石的俸禄。近藤说，这个计划关系

① 即旗本武士。

到新选组的命运，不是队长一个人就能决定的，所以他讲出来同大家商量，问问各位的意见。众人均表示无条件赞成。

于是新选组打着平定甲州的名义，得到了五千两军用资金、两门大炮以及五百支步枪。担任军事总裁的胜海舟之所以轻易同意了近藤的请愿，是因为他不愿让近藤这个炸弹一样危险的人物接近德川庆喜。毕竟近藤一直想要凭恃江户城的险要，与官军对抗到底。

此时，官军已经陆续东下。三月一日①，近藤勇打着平定甲州的旗号，率新选组开赴甲州街道。一行人经过八王子抵达猿桥宿时，听说官军已经到了下诹访，再过两三天就会赶到甲州了。近藤听后大惊，立即搜罗来七十四马，组织起骑兵队伍，想要抢在官军之前率先进入甲州。官军一方也同样想到倘若甲州城落入对方之手，形势会变得相当麻烦。于是官军设计，施展巧妙的策略，未经战斗就将甲州城掌握在了手中。

夺甲州事与愿违，近藤勇威信扫地

新选组攻占甲府、掌握百万石领地的野心终究成了南

① 应为二月三十日。

柯一梦。德川幕府大厦将倾，即便是当时的第一流剑客近藤勇，也只不过是难以支撑大局的一根独木而已。简而言之，在这个意义上，以惨败告终的甲州之战直接造成了新选组的解体。

三月四日，新选组的骑兵队抵达胜沼宿，此时甲州城已经落入官军手中。近藤检视人数，连马夫都算在内总共也只有一百二十人。用这样的小股兵力对抗人数如云的官军无异于螳臂当车。队员们对此也心领神会，他们找到永仓和原田二人说道："倘若没有援军，我们此时不该进行这种无谋的战斗。"二人将队员们的意见转达近藤，即便勇武如近藤，如今也觉得胆怯起来。他只说道：

"虽说欺骗队员有违武士道，但在这种非常时期，也是迫不得已的办法了。我们就谎称明天会有三百名会津武士赶到猿桥，劝大家一战吧。"

另一边他又派副长土方岁三赶去神奈川请求旗本武士组成的菜叶队①来支援。

当夜，近藤将两门大炮布置在要冲之地，还说服当地的农民们各拿出一两捆柴薪。他们把这些柴薪运到半山腰和山道上，燃起篝火以虚张声势。官军瞭望到这边的情况，以为幕府军的大部队已经到了，于是紧急将后续部队

① 幕府选拔旗本武士而组成的横滨警卫队。

召集到甲州城中，加强了防守。总而言之，近藤勇的策略反而让敌人的形势变得更加有利了。

近藤随后又想到一个主意。他派使者到甲州城中拜见岩仓具视①，自荐说："幕府之甲州镇抚队队长大久保刚请求面谒岩仓公。"结果对方说"再往前来就用火枪招呼"，完全没有理睬近藤的请求。

此时永仓带着十名队员以及招来的二十名猎人往向山方向前进，路过一户百姓家时，发现有官军的士兵藏在里面。猎人们一见官兵就立刻倒戈，转过火枪对准了永仓等人。永仓等人见寡不敌众，只好离开。这时新选组众队员已经知道队长近藤昨晚说的会津藩援军会来是毫无根据的谎言，再加上气恼兵粮不足，都决心要解散队伍，众人已经自行逃到了小佛峠。永仓和原田闻报大惊，飞马去追众队员，终于在吉野宿追上了众人。二人费尽唇舌试图说服大家。随后近藤也赶到了，但队员们完全不听他们的劝说。近藤已然威信扫地、束手无策，他终于做了最后的决断，准备在吉野与官军进行最后一战，死而后已。

永仓还想挽留队员们，一直追到八王子，不停地劝说

---

① 岩仓具视（1825~1883），公家、政治家。明治维新后曾率使节团遍访欧美各国。但近藤在此拜见的人应为岩仓具视之子，即担任东山道先锋总督的岩仓具定。

众人。但众人已经完全没有再次回到新选组的意愿了。永仓见事已至此，便问他们之后作何打算。大家都说准备投效在会津藩麾下，决心为德川家尽忠。永仓听了，也放弃了劝说他们归队的想法，只是提议道：

“既然这样也没有办法了。不过，还是希望大家能再回一次新选组，当面和队长近藤辞别后再去会津藩。这样做比较好吧。”

于是他折返将以上种种情况报知近藤，等待近藤做出最后的决定。

近藤闻言怅然，长叹一声道：

“事已至此，在下便战死在会津城下吧。队员就交给永仓和原田了。你们一起回江户去吧。”

说完，二人便分别了。

命途多舛的新选组就这样七零八落地狼狈回到了江户。

两雄断义，近藤授首

新选组队员们约好到江户再行会合，随后三五成群地分头行动。但当他们到约定好的集合地点，即位于本所二之目的大久保主膳正府邸的时候，却发现队长近藤勇并没有来。这下大部分队员都对新选组灰心断念，纷纷离开了。剩下的只有永仓新八、原田左之助、岛田魁、矢田贤之助等十个人。这些新选组队员决定前往投效会津藩。永仓提议，先去住在今户八幡的松本顺那里求借三百两军用资金。倘若能借到这笔资金，那么他们就可以会合此前离开的队员以及近藤勇，众人一同前去投靠会津藩。永仓听说之前离开的队员们还在新吉原逗留，正在那边的花街游玩，于是乘轿赶往风俗店“金瓶大黑”。

那里的二十多名离队的队员听说永仓赶来，觉得可疑，仔细地盘问他的来意。

永仓说：“我们这些队友好不容易聚在一起，就这样一下子解散的话，我总觉得非常遗憾，所以就赶过来了。那么，各位之后准备去哪里呢？”

大家听了，都回答说：“准备去投效会津藩。”

永仓劝说道：“既然我们的目的相同，倒不如在这里建立一个新的组织，再去说服近藤和土方二人，一起前往会津藩。大家一同奋战到最后，不好吗？”

大家都没有异议，便将万事都托付给了永仓。当晚，他们开宴会庆祝新组织的成立，挥霍无度地玩闹了一个通宵。

次日早上，众人分乘三艘船前往近藤勇所在的和泉桥医学所。他们见到近藤，对他讲了前夜的决议，希望征得近藤的赞同。近藤听完，脸上露出了不悦的神色，断然拒绝说：

“在下不能同意这种自作主张的决议。要是你们愿意成为我的家臣，我才会同意。”

离队的队员们好不容易下定决心来找近藤，不想却被他如此对待，众人一时间心头火起，全都拂袖而去。永仓新八也激动地说：“忠臣不事二主，此乃武士之本愿。此前我们也只是同盟关系，如今更不可能成为你的家臣。”他回顾以往同近藤的交谊，向他致谢之后，同原田、矢田一道离开了。

近藤勇与新选组众队员分道扬镳之后，怏怏不乐。不过，在土方岁三的鼓励下，近藤还是决定再度举兵。他改名为大久保大和，前往流山，纠集了一百几十名从江户逃走的幕府士兵。

此时官军已经从三面包围了江户，正在逮捕和遣散脱逃的士兵。得知有一伙人啸聚在流山之后，官军发布命令并派遣使者通知近藤一伙，要队长亲自过来说明情况。近藤想好了各种辩解之词，决定蒙混过关，便亲自前往官军大营。不料此前被他暗杀的伊东甲子太郎的党羽加纳雕雄正在营中，他认出了这个自称大久保大和的人就是近藤勇。于是，近藤被当场生擒。

官军参谋香川敬三很欣赏近藤的武艺和勇猛，想劝他投降。近藤说：“所谓的官军到底是朝廷的军队，还是萨

近藤勇等人在流山驻扎时的阵营旧址（位于今千叶县流山市）

摩、长州的军队呢？在下不明白。”拒绝了香川的劝降。最后近藤终于被绑赴板桥刑场。身为武士，既已被俘，近藤表现出一副要杀要剐悉听尊便的态度。庆应四年四月二十五日，板桥刑场小雨初晴，近藤端坐在刑场中央，请求行刑人帮自己整理了月代，在怀纸[①]上写下两首辞世诗之后引颈受戮，享年三十五岁。土方听闻近藤已死，急忙逃出流山，后来在明治二年的箱馆战争[②]中壮烈战死。土方死时刚好也是三十五岁。

---

① 放在怀中随身携带的对折和纸。

② 又称“己巳之战”，是1868～1869年在北海道函馆一带爆发的战争，也是旧幕府军和新政府的最后一战。

【解说⑦】近藤勇和新选组的改名

此时的新选组已经不再是过去的新选组了。虽然他们立誓为德川家粉身碎骨，但这并不能挽回幕府土崩瓦解的命运。此后，幕府便被当作“叛贼”来对待。于是，近藤将新选组改名为“甲阳镇抚队”，以图东山再起。土方也留起了头发，换上了洋装。近藤改名大久保刚，后又改成大久保大和。土方则改名为内藤隼人。

近藤满怀热情地对队员们说：“倘若此战胜利，我会成为十万石的大名，土方会被提拔为五万石的若年寄，各位也会得到相应的提拔，然后我们就将庆喜公迎接到甲府城中。”

当初，应募甲阳镇抚队的不到二十人，据此也可看出当时德川家的惨状。即便如此，幕府还是支付给近藤两千四百两军用资金。他们又从会津藩和幕医松本良顺处得到了大笔资金，还得到了两门大炮、五百支步枪，又给每名队员配发了一千枚子弹。这时的队员数已经达到了八十人。冲田虽然想要参战，但由于病情恶化，没能如愿。

由于天气恶化，甲阳镇抚队出发的时间有所拖延，直到庆应四年（一八六八）三月一日才拔足出征。但这时，板垣退助[①]率领的新政府军已经占领了甲府城。于是近藤勇独自指挥甲阳镇抚队，土方则返回向菜叶队求援。随着战况愈加不利，队员心中渐生不满。永仓等人找到近藤询问，近藤迫不得已，只好骗队员们说将有三百会津藩援兵赶到猿桥宿。近藤说援军最晚会在次日一早赶到，己方将同他们一起奋战，这才总算说服了队员们。但是，次日并没有援军赶到，在新政府军的面前，甲阳镇抚队也只得面对不敌败北的命运。永仓、原田、斋藤等人对近藤的做法大为恼火，同他割袍断义。之后，永仓统领起了在八王寺的队员们。

永仓返回江户之后，提议众人与近藤联系，说："倘若近藤想要投奔会津藩，我们便同他一起，否则的话，我们同他的关系就到此为止了。"然而近藤仍旧企图在甲府城东山再起。当月十一日，永仓、原田等人组织起靖兵队，同近藤、土方最后诀别。永仓在《浪士文久报国记事》之中记述"新选组瓦解"，同队友们一起到深川冬木町拜访了芳贺宜道。此后，他们归于步兵头领米田桂治郎麾下，驻扎在位于和田仓门内的会津藩邸。

近藤则投宿在五平卫新田的金子宅邸。四月一日，他

① 板垣退助（1837～1919），出身土佐藩的政治家，明治维新的元勋之一。

前往流山。此时近藤已经改名为大久保大和，其手下的二百三十名队员之中已经基本没有新选组的成员，全都是旧幕府的败逃士兵。

四月三日，近藤将大本营设在流山一带的味噌酿造厂“长冈屋”之中。但是，他们的行踪被新政府军发现。新政府军命令近藤出面说明情况。近藤带领村上三郎和野村利三郎前往新政府军本营所在的板桥。土方则赶赴江户找到幕臣大久保一翁和胜海舟，恳求他们出面帮忙，保住近藤的性命。胜海舟因为自己的弟子望月龟弥太当年在池田屋被新选组所杀，所以拒绝了土方的请求。

四月十三日，身在板桥的近藤锒铛入狱。次日，他被押解到位于板桥胁本阵①的名主丰田的家中，被关起来接受审讯。此时，伊东一派的清原清、加纳鹫雄认出了他，近藤的真实身份已经暴露了。

《岛田魁日记》中也记载了近藤之死：“二十五日，近藤公被斩于板桥。近藤公临刑前，面色如常，从容赴死，见者无不落泪，甚为惋惜。实乃古今无双之人杰也。”负责给近藤介错的是横仓喜三次，近藤对他说“有劳了”，结束了自己的一生。横仓用自己得到的赏金给近藤做了法事。

---

① 宿场中本阵以外的预备设施。

近藤的首级被装在两层桧木箱中，送到京都三条河原示众。在灵山历史馆收藏的近藤爱刀上，贴着一段若松市市长松江丰寿写的文字。其中讲到，有一名“仆人”偷走了近藤的首级，将其埋葬在了会津。据说其埋葬地就在会津若松市的天宁寺之中。

转战会津

组建靖兵队，投效会津藩

与共同经历五载寒暑的近藤勇分道扬镳之后，永仓新八心中百感交集。他同原田、矢田二人起誓道：“事已至此，今后我们要死生与共。”随后，他们离开和泉桥，到深川冬木町拜访居住在弁天社中的剑士芳贺宜道。芳贺宜道又是何人呢？他就是此前永仓新八从松前藩脱藩之后，与永仓一同修行武艺的市川宇八郎。

市川是个激烈的攘夷论者，因此一直与藩中的意见不合。赋闲多年之后，他成为一位姓芳贺的旗本武士的养子，随后进入御书院组，领三百石俸禄。他的剑术柔道都很出色，所以还一直负责学问所[①]的管理工作。这两个多

① 当地的学校。

年不见的老友紧紧握住对方的手嘘寒问暖，一边喝酒一边聊天，滔滔不绝地说个没完。永仓向他讲述了从结识近藤勇、组建新选组再到如今的经历，最后讲到了同近藤的诀别。永仓又说：

“今后我想和您一起为了挽回德川家的声誉而努力。我的生死之交原田、矢田两人也一起来了。”

芳贺听完，非常赞同永仓的想法。他们当即决定成立一个新的队伍，马上写下了组织纲领并公布出来。

原新选组队员林信太郎、前野五郎、中条常八郎、松本喜三郎等人听说之后都来会合，此外还有各藩的脱藩者和旗本武士约有五十人也都来应募。他们将这个新组织命名为靖兵队。芳贺宜道担任队长，永仓新八、原田左之助担任副长，矢田贤之助负责士官管理，又指定林、前野、中条、松本四人担任步兵头领。幕府听说靖兵队成立，十分高兴，又增派了五十名步兵加入，以壮声势。不过由于队伍仓促成立，一时间没有合适的驻地，就暂时驻扎在和田仓门内的会津藩屋。他们与统领三百名幕府步兵的米田圭次郎合为一队，队员们都从深川搬迁过来，每天进行法式训练。

庆应四年四月一日①，江户城无血开城，德川幕府在

① 应为四月十一日。

事实上已经倒台。在江户的幕臣和佐幕党志士们失去了立足之地，纷纷逃往会津。靖兵队也在江户开城的前一天取道水户街道赶赴会津。走到山崎宿时，副长原田由于舍不下自己的妻儿，折返江户同家人告别。但随后官军封锁了江户城，他无法回到靖兵队，只好投效神保伯耆守的彰义队①，后来在上野战争②中战死。

靖兵队途经岩井宿，往室宿的方向前进，中途在小山击败了一队官军。四月十九日，队伍抵达鹿沼宿。正赶上大鸟圭介率领幕府军和秋月悌次郎所率的会津藩兵会师，计划次日早晨攻打宇都宫。靖兵队同他们合兵一处。次日一早，他们调来两门大炮开始攻城。三队人马从两个方向同时发起了猛攻。永仓和之前一样，拔刀翻过土墙跃入敌军，逢人就砍。守城士兵见敌人攻势如此猛烈，难以抵挡，很快就全线败退，往壬生一带撤去。守城军逃走时把三千两军用资金丢在了护城河中，永仓看到后将之打捞上来。他把两千两交给大鸟，留下一千两作为靖兵队的军用资金。

---

① 1868 年，涩泽成一郎和天野八郎等人成立的以保护将军德川庆喜为目的的部队。

② 1868 年 7 月 4 日，彰义队等旧幕府军与新政府军在江户上野爆发的战斗。

幕府军弃守宇都宫，靖兵队激战今市宿

大鸟圭介麾下的幕府军和靖兵队将宇都宫的守军赶往壬生一带，随后弃守宇都宫到幕田原设阵。矢田贤之助策马深入敌阵打探官军的阵型和兵力等情况，回报说土佐军已经前来支援宇都宫守军。四月二十四日①，幕府军冒雨攻打壬生城，靖兵队由于弹药被雨打湿，不能射击。于是永仓组织起敢死队，自己一马当先冒着枪弹挥刀奋战。一发子弹擦过他的上臂，让他受了一点轻伤。虽然他冒死指挥战斗，但由于官军势众，己方还是渐渐陷入苦战。最终他们还是舍弃了幕田原，退往宇都宫。随后宇都宫也失守，他们取道日光街道，到今市宿据守。

经此一战，幕臣米田圭次郎身负重伤，其余负伤者也人数甚众。松平太郎带着二百两军用资金前来慰问士兵，医生也随同而来，开始治疗伤员。松平对大鸟说：

“幕府军在这一带停留的话，官军就会集中兵力进攻这里，最后说不定会去冒犯日光的神苑②。所以等伤员的治疗告一段落之后，请立即出发前往会津。”

---

① 应为四月二十二日。

② 指日光东照宫，是供奉江户幕府开创者德川家康的神社。

大鸟和他的想法一样，当即应允了下来，又派了一个小队将东照宫中的德川家康木像运出来护送到了会津城中。幕府军和靖兵队也马上前往田岛宿，与会津兵保持联络，进行了数日休整。

最终靖兵队在芳贺队长、永仓副长的领导下，归于结城总督的麾下。他们收到军情报告，说官军的先锋部队已经进驻到日光街道的茶臼山上。驻扎在宇都宫藩高仓宿的结城总督闻报叫来永仓新八，命令他率领十名壮士和五十名猎户前去击退茶臼山的官军。永仓绕小路潜行过去，趁敌人不备的时候拔刀冲入敌阵。逃走的敌人又被埋伏在险峻山路旁的猎户弹无虚发地射中，敌人的岗哨随后也被他们拔掉了。与此同时，战机渐渐成熟。官军和幕府军各自建起防御工事、分派士兵，准备决一死战。

永仓新八率领靖兵队迎战今市宿的官军。他们刚一踏上日光街道，敌人便开火了，炮弹像雨点一样打了过来。负责士官管理的矢田贤之助隐蔽在一棵大杉树下指挥队员，不料一颗子弹飞来射中了他眼睛下方，矢田当场死亡。永仓见了，想要过去把矢田的首级掩埋起来，但敌人的炮火太过猛烈，他根本没办法靠近。最后他只好匍匐在地，爬过去切下了战友的头颅，然后回来继续指挥战斗。天色全黑之后，战斗也随之停止。靖兵队这一精锐之师在当日的激战中有二十人战死，三十人负伤。永仓收束部队，亲手捧着战友的首级退到了高德宿。他将矢田的首级埋葬在了高德寺中。

二藩官军中伏惨败，轮王寺宫相助幕府

虽然统管靖兵队的结城总督率领麾下军队屡次骚扰官军，军势一度壮大，但大鸟总督的军队屡战不捷，属下士兵疲乏不堪，对大鸟总督的不满愈加高涨。此前不久，有二十名会津赌徒埋伏在今市和高德一带，袭击了率领二百名锅岛藩兵的锅岛嘉平，砍下嘉平的首级逃跑了。锅岛藩兵便与土佐军合兵一处，打着给嘉平报仇的名义发起了猛烈的攻击。结城总督率队与他们交战，背靠大鸟军所筑的营寨且战且走，想要把敌军引诱到营寨之中。永仓等其他军官、剑士就埋伏在营寨之内，等待着伏击敌人。

不知自己已经中了敌人圈套的锅岛、土佐二藩之兵势不可挡地冲到了营寨上方，结果全被伏兵手执大刀从下方刺杀。大惊失色的敌军只好跳到营寨里面，又被伏兵一顿横削竖砍，两藩之兵立刻全线溃败，开始逃走。永仓率领靖兵队众勇士紧追不舍，敌人不断溃逃，最后一直被追到绢川，有不计其数的人溺死在河里。经此一战，幕府军收缴的兵粮、大炮、步枪、弹药堆得像小山一样。这是从未有过的大胜。然而，激战过后，大鸟总督却不见了踪影。

众人到处寻找都没能找到他，大家都以为他可能已经在乱军中战死了。没想到，第二天大鸟却从山里钻了出来。兵士们大怒，都嚷着说："身为总督居然做出这种事，也太不像话了，我们开枪射死他！"即使大鸟身为总督，这时也被吓得面无血色，只得往会津逃去。

这段时期，上野轮王寺宫①想要相助幕府，于是乘轿到当年仙台藩片仓小十郎②的白石城中，召见奥羽各藩，要求他们与会津肥后守统一行动、共同进退。他还召见了结城总督，命令道："要在五月八日之前从官军手中夺回日光。"结城总督当即应允，回来之后便叫来靖兵队的芳贺与永仓二人，将轮王寺宫的命令转达给他们。芳贺与永仓说："这样的话，靖兵队就暂时交由林信太郎和前野五郎指挥。我们二人立刻返回会津，向会津藩借兵，进军日光。"他们向结城要来介绍信，火速赶往会津城。此时已经是四月③二十一日了。

到达会津城下，二人先在经营酿酒的石塚家里借宿了一晚。他们本来是准备睡一晚，次日一早进城。但到了早上六时前后，两人就听到远方传来了如同给木桶上箍一样

---

① 即北白川宫能久亲王（1847～1895）。

② 即片仓景纲（1557～1615），日本战国时期到江户前期的武将，伊达家家臣。

③ 此处的时间应为八月。

的声音。他们当时睡在一间仓库之中，打开窗子往外看时，发现外面全是逃难的男女老少，这些人听说官军已经到了会津城下，便在街上乱逃乱闯，造成了很大的混乱。芳贺和永仓觉得方才听到的声音有可能就是官军的炮击声，便从床上一跃而起，快速收拾了身上的装备。等他们出门到正房再看时，发现屋中已经一个人都没有了。这时，炮击声已经越来越近了，有一些炮弹甚至已经飞溅到了仓库和正房一带。永仓走进厨房，发现锅里正煮着饭，灶上的火还没有熄灭。于是他把芳贺喊来，两个人借着纸灯笼的昏暗光亮填饱了肚子，又把店里的酒拿来喝了一些，借着酒足饭饱的势头一口气跑到了城门口。但守军对他们说“城内的守备已经十分牢固了”，没有放他们进城。两人无奈，只得说：“事已至此，只好返回结城的部队了。”于是折回高德宿。

永仓结交云井龙雄，官军攻陷会津若松

永仓和芳贺二人从会津城下离开，折返高德宿。他们借着未明的天色回头眺望若松城①，只见官军已经分成三面包围了城池，混杂在一起的炮声和枪声远远传来，时而

① 即会津城。

还能听到士兵的呐喊。战事已经非常激烈了。走了大概半里左右，他们来到了一条名叫黑川的河流，就见河上的桥已经被人拆掉，渡船也都被毁掉了。逃难到此的百姓们状若疯癫，纷纷不顾一切地跳到水中，往对岸游去。但河中水流快得像箭一样，在水中很难站住脚，无数人被冲去了下游。永仓和芳贺不敢犹豫，当即把衣服和佩刀绑在头上，两个人四只手握在一起，一边用脚试探着一边在河中前进，好不容易才渡到了对岸。

二人继续火速赶往高德，不料在途中就遇到了率兵前往会津的结城总督。询问之后才知道，结城收到了若松城被官军重重包围的急报，想在形势吃紧之前进入若松城。他们便随大部队一同折回。这时，结城给永仓和芳贺介绍了米泽藩的英杰人物小岛龙（辰）三郎，也就是云井龙雄。

云井对永仓说：

“在下不久之前周游上州[①]，说服了沼田的土岐山城守和前桥的松平大和守加入佐幕党。听闻会津危机，在下准备回藩，这时见到了结城大人。二位的勇猛在下早有耳闻。现在有一件事想同你们商量，听听你们的意见。接下来二位与在下一同回到米泽藩，我们再率米泽之兵来解会

① 即上野国，日本古代令制国之一，范围相当于现在的群马县。

津之危，如何？”

永仓和芳贺都被他说动了，便先去问结城总督的意见。

结城表示赞成，说：“这样也很好。”于是三人改走白石路，飞速赶往米泽藩。

米泽藩的关卡已经戒备森严，一个百人的藩兵队伍被安排在这里驻守，他们架设起重达百匁的大火枪，对路过的人们逐一盘查。永仓在火枪队的成员中发现了以前在新选组中担任伍长的近藤芳助。芳助听永仓讲述了来意之后说：“那请把我也带上吧。”云井应允，于是一行四人来到米泽城下。此时米泽藩中的意见分成佐幕和勤王两派，双方爆发了激烈的冲突，完全无法决定是否要出兵救援会津。云井自然是佐幕党中的重要人物，佐幕党人见他回藩都很高兴，而与他们针锋相对的政敌们对他十分忌恨，后来还派出刺客刺杀他。永仓、芳贺、近藤三人只得不分昼夜地保护云井。

米泽藩中的意见迟迟不能统一，永仓等人只得一味地叹息英雄没有用武之地。这一年的九月，若松城被攻陷了。永仓和芳贺听到这个消息，觉得一直留在米泽藩也不是长久之计，想回到江户继续为幕府奔走。他们找到云井商量，云井思虑片刻，劝道：

“二位，官军来势如此凶猛，想必回到江户也不是容易的事情。那么二位是否愿意前往上杉藩呢？我可以向藩侯举荐你们，让你们每人得到一百石的俸禄。”

但永仓和芳贺内心都有忠臣不事二主的想法，于是坚辞了云井的好意，辞行离开。

回江户假扮町人，结城城险渡关卡

永仓、芳贺二人辞别了云井龙雄，绕道越后路[①]返回江户。两人觉得一身武士装扮难以避过官军的盘查，于是把大髻改做丁髷，扮作町人的样子。芳贺自称是采办生丝的吉兵卫，永仓自称是马具工匠喜八。他们把佩刀寄放在云井那里，说：“我们到江户再见，保重了。”十一月一日，二人离开了米泽城。官军此时已经在越后的关卡驻防了。在驿站的旅馆中，两人找来老板娘商量，向她说明自己二人是德川家的逃兵，询问如何才能平安通过前方的关卡。老板娘答道：

“你们打扮成百姓，再找一个当地的百姓给你们领路。如果有人盘问，就让那个领路的百姓替你们答话，怎么样？”

---

① 即穿过越后国的道路，越后国为日本古代令制国之一，范围相当于现在的新潟县。

于是两人便改作农夫打扮，又拜托当地的一个农夫带路，终于平安地通过了关卡。

穿过越后进入会津藩领地之后，二人又在津山峠的山顶为暴风雪所阻。在通过沟口藩的关卡时，他们再次装作越后百姓混了过去。又赶了几日路程，乘船渡过鳅川时，他们又躲在行李箱中，总算平安抵达了结城城下。不过，当他们离开结城通过关卡时，永仓走得慢了，被那里的守卫抓了起来。随后便是严厉的审讯："你肯定不是一个人去旅行的。你要去江户哪里？"

永仓胡乱答道："我要到小舟町的伊势屋忠兵卫那里去。"

守卫把江户的旅店名簿翻了个遍，说："并没有什么叫伊势屋忠兵卫的旅店。这个人越发显得可疑了。"眼看事态就要变得严重起来，永仓甚至有可能被投入牢房。这时，一个一直没说话的守卫开口说：

"我说各位，我从刚开就一直观察这家伙的样子，感觉他也没有那么可疑。就这么放他过去也没什么大不了的。"

于是永仓总算脱离了虎口，在夕阳的残照中到小山宿找到了芳贺。

当夜，两人住在了石桥宿，无意中发现一个一起住宿的町人几次盯着他们看。那人问道："难不成您二位是从德川家逃出来的吗？”

二人闻言大吃一惊，心中暗想如果情况不妙就把这个人勒死算了。他们答道：“我们确实是德川家的逃兵。”

那人说：“其实我原先是旗本武士，因为种种原因，身份被降为町人，目前在洲崎经营风俗店维持生计。我叫大黑屋藤吉。既然二位也是德川家的人，那我也想帮一下你们，请务必让我随同你们一起返回江户。”于是三人同行。

后面的路途多亏了藤吉的周旋，他们很顺利地通过了各个关卡，终于抵达了浅草。他们久违地吃到了山谷的“重箱”[①] 店里的鳗鱼。酒足饭饱之后，藤吉劝道：“今晚就先到我的店里玩一玩吧。”

二人觉得盛情难却，就随藤吉前往其店中玩乐。从第二天开始，他们躲到藤吉在铁炮洲的别墅中，一下子就躲了二十多天。他们觉得不好一直给藤吉添麻烦，而且芳贺的妻子、女儿就住在浅草的三轩町，于是两人仍旧扮作町人，从藤吉那里离开，暂时躲到了三轩町。虽然后来对德川家逃兵的追查渐渐放松了下来，不过他们还是不敢大意，外出时总要在怀中揣上一把胁差，以防万一。

---

① 创业于宽政年间的老牌鳗鱼店，最早的店址就在东京浅草的山谷。

芳贺意外丧命，永仓路遇仇人

享祚近三百年的德川盛世终究化作梦幻泡影，世人迎来了明治维新的时代。而那些佐幕志士身负逃兵之名，只能在阴暗处躲躲藏藏地生活。江户已经改名为东京，永仓和芳贺两人只能委屈地打扮成町人的样子，不敢公开露面，行动备受拘束。这天，芳贺说要去深川的冬木弁天社，离开了浅草的家。途中，他碰巧遇见妻子的哥哥藤野亦八郎。

亦八郎当时正在官军中负责逃兵的监察工作，指挥着五六名部下。郎舅二人久别重逢，于是走进附近的一家寿司店一诉别情。酒过三巡之后，芳贺开始指责亦八郎，说他家历代皆受德川家厚恩却投靠了官军，这就是一大罪状。两人开始变得激动起来，谈话终于演变成斗殴。芳贺施展柔道技巧把亦八郎按倒在地，这时，藤野的部下听到他们争吵的声音，急忙赶了过来。芳贺寡不敌众，被他们杀死了。他们把芳贺的尸体用草席一卷，扔到了河里。

不久后，芳贺的妻子得知芳贺的死讯。她拉着永仓的衣袖哭着说：

“哪怕是我的亲哥哥，做了这种事情也真的让人无法原谅。永仓先生，请您教导我们的两个孩子，让他们为父报仇。”

永仓得知自己最好的朋友被人杀死，心中也极度懊恼，当即答应了芳贺妻子的请求。当他去打听藤野的行踪时，却得知藤野自知将会遭逢危险，提出了调职到箱馆的要求，而且在赴任途中就病死了。报仇计划也自然没有了下文。

永仓觉得，自己作为浪人一直潜伏着并非长久之计，于是他向松前藩提出申请，希望能够归藩。明治二年二月，通过松前崇广侯的家老下国东七郎的斡旋，永仓重新回到了松前藩，领受一百五十石俸禄。他住在藩邸的长屋中，担任藩中法式传习队的步兵教习，每天训练士兵。长年往来于战场的永仓新八对兵法已经有了深刻的理解，由他所指导的训练非常精彩，在藩中得到了很高的评价。

一天，永仓借休假之机出门散心，他一路走到两国桥上，正好遇到了几年前被新选组暗杀的伊东甲子太郎的弟弟铃木三树三郎。永仓心道“不妙”，但这时已经无法回头了。两人越走越近，只见铃木的眼中闪过一丝异样的光芒。

铃木搭话道：“呀，有段时间没见了。您现在在哪里高就呢？”

“在下已经回到松前藩了。”

“这样的话，说不定哪天我们还会再见面的。”铃木说着，两人擦身而过。永仓也对他颔首告别。

但铃木不可能就这么放过永仓这个杀兄仇人。永仓担心他会立即回头拔刀砍向自己，便回身查看，正好看到铃木也在回头死死地盯着自己。永仓心想果然不出所料，于是把手伸向腰间，作势准备拔刀，等着铃木过来。但铃木可能是觉得自己敌不过永仓，一言不发地走掉了。此后数天，铃木一伙人都在永仓身边出没，摆出一副只要永仓敢踏出门一步就立刻对他下手的架势。永仓只好找到家老下国东七郎，对他讲了这件事，并说：

“由于如此这般的事情，倘若这伙人敢冲进来杀我，会让藩侯的名声受损。所以在下想暂时辞任，希望您帮忙周旋此事。”

但下国家老没有同意，而是把永仓保护在自己家中，帮他渡过了这次劫难。

改姓杉村，凭吊剑友

这天，躲过了刺客袭击的永仓因为有要事，被派遣到两国桥一带公干。走到附近时，永仓看到桥旁立起了一块告示牌，旁边黑压压地围着很多人。他不知道发生了什么事，就凑过去看，就见那告示牌上面写的文字大意是：

“米泽藩云井龙雄图谋不轨，在小塚原斩首。”

永仓大惊，马上飞奔到小塚原，只见云井龙雄的首级已经被摆在那里示众了。永仓看到这个场景，满腔的血泪一下子就涌上了心头，他恸哭不已，心中只觉得：“啊啊，德川幕府的命脉到此就彻底断绝了。”龙雄曾经与永仓约定，要召集德川幕府遗臣同萨摩、长州旧臣决一死战，而且他也付诸行动了。

事与愿违，永仓对世间的希望落空了，他甚至生出了隐退之心。这天，家老下国东七郎叫来了永仓，像亲人一样设身处地同他商量说：

“你一直这样藏身在此也不是长久之计。现在福山的藩医杉村松柏正托我帮他找一名义子。杉村虽然是一名医生，但榎本釜次郎[①]等人包围函（箱）馆、大战福山的时候，他的工作十分出色，藩侯还给他增加了俸禄。他只有一个名叫阿杵的女儿，没有儿子能够继承家业。如果你去福山的话，铃木三树三郎他们怎么也不会追过去了吧？据说，最近朝廷颁布了一条法令，下令不得因为个人恩怨而杀人。怎么样，你愿意去杉村那里吗？”

永仓考虑了一下。他想到，如今世道已经变了，除了暂且静观时势之外，也没有其他更好的办法。加之他也难以推辞下国家老的好意，于是答应了后者的提议，去了杉

① 即榎本武扬（1836～1908）。

村家。

明治三年三月[①]，永仓离开东京，到福山成为杉村松柏的养子。四月一日，他又得到职务，负责训练法式传习队。藩主此前就一直倡导尊王攘夷论，所以其藩中的舆论也有这样的倾向。永仓到福山之后也纠集了一队同志，建立了一个名为“继述队”的组织，热切地期待着日后能够有所作为。然而随着明治之世渐渐稳定下来，政府忙于解决国际事务，人们已经不愿再将精力放在国内的争斗上了。继述队也渐渐被时代抛弃，最后甚至连攘夷的呼声都听不到了。

明治八年五月七日[②]，永仓新八（此时名为杉村新八）正式继任杉村家家督，改名为杉村义卫。明治十五年十月，他受聘成为桦户监狱的剑术师范，并于明治十九年辞任。这一年，他前往东京，途中到函馆的碧血碑[③]祭拜了土方岁三、伊庭八郎等战友，又到米泽拜访了云井龙雄的妻子和女儿。到东京以后，他住在牛込，开设了一家剑术道场，在和平盛世下教授武艺。

而且，后来他在游历京阪一带时，偶然遇到了在新选

---

① 应为明治四年一月。

② 应为明治六年九月三日。

③ 为纪念戊辰战争特别是箱馆之战中旧幕府军战死者，1875 年在函馆竖立的慰灵碑。

组时生下的女儿矶子。这时的矶子已经成为一名女演员，艺名叫作尾上小龟。明治三十二年①，他回到了小樽，此后在长子义太郎、次女幸子的照料下度过了余生。

永仓新八墓（位于今东京都北区）

① 应为明治三十六年。

永仓一生曾无数次在生死关头徘徊，回想起来，能够活下来就已经是一个奇迹了。而他一直活到了大正时代，那些往年的敌人也好战友也罢，都被他供奉在同一个佛坛之上，朝夕祭拜，钟声不绝。

（全文完）

（大正二年三月至六月连载于《小樽新闻》）

【解说⑧】永仓、土方、斋藤与会津战争

永仓与近藤勇等人分别之后，同芳贺宜道一起转战下野国[①]的小山宿、宇都宫、日光口等地，在田岛宿与会津藩藩士山川大内藏（大藏）会合。永仓等人率领的游击队以芳贺为队长，永仓为副长，伍长是前野五郎、林信太郎，中山重藏、林庄吉负责步兵管理，渡濑善太郎负责补给，总计有八十名队员。后来，芳贺失去了队员的支持，将队长一职让给了永仓。他们与今市的新政府军多次激战。

《岛田魁日记》中提到土方没有在会津战争中指挥军队，说他“率领我辈（岛田）、汉一郎、中岛登、畠山二

① 日本古代令制国之一，范围相当于现在的枥木县。

郎、泽忠介（土方的马夫）、松泽音造取道大内街道，在二十九日抵达会津城下的七日町清水屋”。据书中说，土方在宇都宫之战中脚趾受伤，由岛田魁架着他行动。庆应四年（一八六八）四月二十三日，土方骑马赶往会津。同时，为了保存兵力，土方命令潜伏在会津城下的斋藤一代替自己担任新选组队长。斋藤不仅是队中元老，而且在清洗伊东一党时成功完成间谍任务立功，是一个十分值得信赖的人，所以土方起用他担任队长。

《岛田魁日记》中也记录了斋藤的行动：“山口二郎（斋藤）被任命为新选组队长，上级命令他率领新选组一百三十名队员前往白河一带。闰四月五日，新选组拜谒会津公（松平容保），获赐若干黄金。当月六日，出兵。”斋藤再次对新选组实行整编，向敌军发起挑战，此后这支队伍便被称作“会津新选组”。

闰四月的二十日，会津军与新选组攻陷白河城，在白坂关口防守。但是，在二十五日与新政府军的战斗中，队员菊池央战死，白河城再度落入敌手。其后，在五月一日的黑川之战中，队员伊藤铁五郎战死。此后他们曾七次试图夺回白河城，但都失败了。

岛田魁在白河负伤，到福良的医院接受治疗。此时松平容保已经隐居，其子喜德赐给岛田二十五两慰问金。土方也在同一医院接受治疗，并在七月回归战场。新选组的指挥一直由斋藤负责。

八月十八日，永仓新八召集起收容在会津城下的伤员中的轻伤者及痊愈者，与芳贺一起从高原宿出发，前往会津。但是，由于攻城战，会津城下已经陷入了一片混乱。永仓为了救援会津，前往游说据说会派兵支援会津的米泽藩。

然而，陆续有藩退出此前由三十一藩结成的奥羽越列藩同盟①。永仓也在米泽藩碰了壁，救援会津的愿望化作泡影。此后永仓和芳贺便躲在米泽。土方为求援军，想要赶赴庄内，但米泽藩已经对新政府表示恭顺，没有放他通行。

会津藩决意抗战到底，真正做到了全藩皆兵，中野竹子等女性甚至组成娘子军参加战斗。旧幕府军采取在母成峠一带建起防线的坚守战术，但二十三日，母成峠被攻陷。新政府军在大山弥助的指挥下平定了城下地区。新选组无法进入会津城，在这一刻，新选组在事实上已经解散了。斋藤说道："若见城池将被攻陷便放弃大志离开，就是背离了'诚'字的本义。"（『谷口四郎兵衛日記』）于是决定留在会津。

---

① 戊辰战争时，陆奥、出羽、越后诸藩于1868年5月6日成立攻守同盟。以轮王寺宫为盟主，同维新政府为敌。

新选组资料

《同志连名记》——杉村义卫遗稿

前些年，亡父曾将他记述永仓新八活动的遗稿借给某人，但书稿遗失，让人非常遗憾。不过，这次我们意外发现了亡父亲笔写下的同志名录。在这份名录中，我们能清楚地看到发迹于京都壬生村的新选组的首倡者名单，以及在京都、大坂乃至江户募集到的队员名单。其中还记录了队员们的出身藩、入队后的职位、战死或病亡等情况，而且毫无遗漏地记录了庆应三年十二月新选组离开京都堀川的驻地、搬入伏见奉行府邸的成员名单，以及返回东京的队员名单。将此与正文故事对照阅读的话，也许会发现一些颇有意思的地方。而且我们相信，对于新选组的研究来说，这也将是一份十分贵重的资料。

编者谨识

京都壬生村中新选组之首倡者，即滞留京都的十三名浪士如下：

水户浪士	芹泽鸭	被暗杀于京都壬生村八木源之丞宅邸
御府内浪士	近藤勇	于江户板桥宿泷之川被执行死刑
近藤勇门人	土方岁三	战死于箱馆
伊予松山藩脱藩	原田左之助	受枪伤不治，死于东京本所猿江町神保伯耆家中
御府内浪士	藤堂平助	藤堂和泉守的私生子。于京都七条街油小路被三浦常治郎斩杀
水户藩脱藩	野口健司	于京都壬生村前川庄司宅邸切腹
水户藩脱藩	新见锦	于京都祇园新地的风俗店“山绪”中切腹
仙台藩脱藩	山南敬助	于京都壬生村前川庄司宅邸切腹
白川藩脱藩	冲田总司	病逝于江户浅草今户八幡医师松本顺家中

续表

御府内浪士	井上源三郎	于京都淀川千本松附近遭到枪击而战死
水户藩脱藩	平山五郎	于京都壬生村八木源之丞处在熟睡中遭到暗杀
水户藩脱藩	平间重助	文久三年九月十八日夜,于京都壬生村八木源之丞处遭遇暗杀,但得以逃脱。十九日,脱离新选组
松前藩脱藩	永仓新八	(编者按:后改名杉村义卫,于大正四年一月五日病逝。)

※

以下十三人为新选组发起者。他们最早于东京小石川传通院结盟，上洛后奉行尊王攘夷，归于松平肥后守麾下，奉命招募队员（姓名前方有〇标志的为随队进驻伏见奉行府邸之人，后方有〇标记的为随队前往江户之人。下同）

巨魁队长	芹泽鸭
队长	新见锦
队长	〇近藤勇〇
队长	山南敬助
队长	〇土方岁三〇
副长助勤	〇冲田总司〇
副长助勤	〇永仓新八〇
副长助勤	〇原田左之助〇
副长助勤	〇井上源三郎
副长助勤	藤堂平助
副长助勤	平山五郎
副长助勤	野口健司
副长助勤	平间重助

以下人员为在京都、大坂所募队员（☐标记处文字不详）。

对马浪士	病死	副长助勤	安比留荣之介
熊本浪士		副长助勤	○尾形俊太郎○
播州明石浪士		副长助勤	○斋藤一○
大坂浪士	病死	副长助勤	谷三十郎
大坂浪士	病死	副长助勤	松原忠司
长门浪士	被斩首	副长助勤	佐伯又三郎
京都一月寺脱走者	病死	副长助勤	安藤早太郎
大坂浪士	受枪伤而死	副长助勤	○山崎烝
广岛浪士	于京都岛原被斩首	副长助勤	浅野薰
出云浪士	被杀	副长助勤	武田观柳斋
盛冈浪士	被杀	浪士调役	○吉村贯一郎
		浪士调役	大月银藏
熊本浪士		浪士调役	芦谷升
一桥藩脱藩	战死	浪士调役	○大石锹次郎○
		浪士调役	○川村隼人○
大垣藩脱藩	病死	伍长	○岛田魁○
大坂浪士	被斩首	伍长	川岛胜司
大坂浪士	被杀害于水户街道	伍长	○林信太郎○

续表

出身藩不明	病死	伍长	奥泽荣助
阿州德岛浪士		伍长	○前野五郎
出身藩不明	病死	伍长	阿部十郎
京都一月寺脱走者	切腹	伍长	葛山武八郎
丹波龟山浪士		会计	○岸岛芳太郎○
大坂浪士	被斩首	会计	河井耆三郎
		会计	酒井兵库
和州植村脱走者	病死	会计	尾关弥兵卫
		会计	○大谷勇雄
京都浪士	被斩首	国事侦查	御仓伊势武
京都浪士	被斩首	国事侦查	荒木田左马之允
京都浪士	脱队	国事侦查	越后三郎
宇都宫浪士	脱队	国事侦查	松井龙三郎
		普通队员	谷万太郎
		普通队员	谷周平
大坂浪士		普通队员	佐佐木爱次郎
		普通队员	佐佐木藏之丞
出身藩不明	战死	普通队员	○西冈万助○
御府内浪士	战死于大坂	普通队员	三浦常三郎

续表

出身藩不明	战死	普通队员	○石井清之进
御府内浪士	切腹	普通队员	○相马主计○
		普通队员	足利五郎
大坂浪士	战死	普通队员	○野村利三郎○
		普通队员	柳田三二郎
		普通队员	中村金吾
		普通队员	○竹内元三郎
		普通队员	马诘柳□斋
		普通队员	马诘柳太郎
		普通队员	马越□郎
出身藩不明	战死	普通队员	○蚁通勘吾○
熊本浪士		普通队员	村上清
出身藩不明	战死	普通队员	○田村太三郎
		普通队员	新田角右卫门
		普通队员	○富永政之助○
		普通队员	木内峰太
盛冈浪士		普通队员	斯波绿之助
		普通队员	石川伊太郎
京都浪士	脱队	普通队员	松永主计
		普通队员	○山野八十八○
		普通队员	江畑三郎
		普通队员	松崎静马

续表

京都浪士	被斩首	普通队员	楠小十郎
		普通队员	角田五郎
出身藩不明	战死	普通队员	○森平八
		普通队员	○玉置伊之助○
		普通队员	石井伊之助
		普通队员	正木铁之助
		普通队员	○上坂甲太郎○
		普通队员	大町纲太郎
		普通队员	岩崎一郎○
		普通队员	布施多喜人
		普通队员	石川三郎
		普通队员	松原几太郎○

※

以下为近藤勇、永仓新八、尾形俊太郎、武田观柳斋至江户公干时，公事完毕后所招募的队员。

水户浪士	脱队[①]	参谋	伊东甲子太郎
水户浪士		副长助勤	铃木三树三郎
久留米浪士		浪士调役	筱原泰之进
御府内浪士	被杀	浪士调役	服部武雄
御府内浪士		浪士调役	新井忠雄
京都浪士	病死	浪士调役	安藤勇太郎
津轻弘前藩脱藩	被杀	浪士调役	毛内有之助
御府内浪士	于淀堤战死	伍长	○伊东铁五郎
御府内浪士	幸存者,后改名为川村三郎	伍长	○近藤芳祐○
御府内浪士		伍长	○久米部正亲○
御府内浪士		伍长	加纳雕雄
御府内浪士		伍长	中西升
御府内浪士		伍长	○小原幸造○

① 伊东于庆应三年十一月十八日在京都被近藤勇派出的人暗杀。

续表

萨州脱藩	战死	伍长	富山弥兵卫
		伍长	○中村小三郎○
御府内浪士	于淀堤战死	伍长	○池田小太郎
大和郡山藩脱藩	切腹	伍长	桥本皆助
	于京都黑谷松平肥后守使者接待房间中切腹，是伊东甲子太郎的同志	伍长	茨木司
出身藩不明	战死	会计	○青柳牧太夫
久留米浪士	病死	会计	○中村玄道○
御府内浪士		会计	○安富才辅○
御府内浪士		会计	○神崎一二三○
	与伊东甲子太郎志同道合，未及辩明情由便在京都黑谷松平肥后守使者接待房间中和茨木司一同切腹	普通队员	佐野七五三之进

续表

	同上	普通队员	富川十郎
	同上	普通队员	中村五郎
		普通队员	后藤大助
		普通队员	○小林幸之助
出身藩不明	切腹	普通队员	柴田胜三郎
京都浪士	切腹	普通队员	吉田寅之助
出身藩不明	切腹	普通队员	田内知
出身藩不明	战死	普通队员	○舟津谦太郎
出身藩不明	违背法令被执行死刑	普通队员	筱崎慎八郎
出身藩不明	战死	普通队员	○古川小二郎
出身藩不明	战死	普通队员	○小林峰太郎
		普通队员	○梅户胜之进○
		普通队员	○沼尻小文吾○
		普通队员	○田村一郎○
		普通队员	○铃木直八
出身藩不明	战死	普通队员	○林小三郎
出身藩不明	战死	普通队员	○今井祐三郎
		普通队员	三井贯助

续表

		普通队员	○冈岛品三郎
出身藩不明	战死	普通队员	○水口市松
出身藩不明	战死	普通队员	○加贺爪胜太郎○
		普通队员	○三品一郎
		普通队员	○三品二郎○
		普通队员	○佐久间健助○
		普通队员	○松平喜三郎○
		普通队员	大石酒造之助
	为帮佐久间修理报杀亲之仇，受胜安房之托，成为新选组之食客	职务不明（编者按：应为普通队员）	三浦启之助
御府内浪士	死刑	职务不明（编者按：应为普通队员）	横仓甚之助
		普通队员	○小幡三郎
		普通队员	中条常八郎

续表

		新选组物资承办商	京屋忠兵卫
美浓大垣侠客	死于狱中	新选组物资承办商	水野弥太郎
	病死	新选组房屋管理者	若松杢之助

以下为土方岁三逃到箱馆后招募的队员：

铃木传五郎	一桥谦吉	丸山锅之助	津田丑五郎
柏尾一郎	高桥渡	竹内武雄	东山仙之助
西馆登	凑一郎	一濑宽次	菊池英
北久保清吉	千田兵卫	小堀诚一郎	

（编者按：以下十人不在前面所列名单之内，但列名于随队进驻伏见奉行府邸的队员名单中，尚不清楚其是在京都、大坂、江户之中的何地加入新选组的。）

矢田贤之助	尾关政一郎	志村民藏	荒木信太郎
真田肾之助	和田十郎	宫川数马	岩崎一郎
中条常八郎	木下严		

（编者按：以下四人不在前面所列名单之内，但列名于随队进驻伏见奉行府邸以及随队前往江户的队员名单中，尚不清楚其是在京都、大坂、江户之中的何地加入新选组的。）

矢田贤之助	尾关政一郎	志村民藏	荒木信太郎

※　※

以下为在庆应三年十二月十一日离开京都七条堀川以南的新选组驻地，退守伏见奉行府邸的队员名单。

队长	近藤勇	副长	土方岁三
副长助勤	冲田总司	副长助勤	永仓新八
副长助勤	原田左之助	副长助勤	井上源三郎
副长助勤	尾形俊太郎	副长助勤	斋藤一
副长助勤	山崎烝	浪士调役	大石锹次郎
浪士调役	吉村贯一郎	浪士调役	川村隼人
会计	岸岛芳太郎	会计	青柳牧太夫
会计	中村玄道	会计	矢田贤之助
会计	安富才辅	会计	大谷勇雄
会计	神崎一二三	伍长	岛田魁
伍长	林信太郎	伍长	小原幸造
伍长	尾关政一郎	伍长	伊藤铁五郎
伍长	前野五郎	伍长	近藤芳祐
伍长	志村□藏	伍长	□部正亲
伍长	池田小太郎	伍长	中村小三郎
普通队员	竹内元三郎	普通队员	西冈万助

续表

普通队员	野村利三郎	普通队员	石井清之进
普通队员	相马主计	普通队员	蚁通勘吾
普通队员	田村大三郎	普通队员	田村一郎
普通队员	富永政之助	普通队员	山野八十八
普通队员	森平八	普通队员	玉置伊之助
普通队员	舟津谦太郎	普通队员	梅户胜之进
普通队员	沼尻小文吾	普通队员	铃木直人
普通队员	林小三郎	普通队员	今井祐三郎
普通队员	冈岛品三郎	普通队员	水口市松
普通队员	加贺爪胜太郎	普通队员	三品一郎
普通队员	三品二郎	普通队员	佐久间健助
普通队员	荒木信太郎	普通队员	小幡三郎
普通队员	小林幸之助	普通队员	真田肾之助
普通队员	木下严	普通队员	和田十郎
普通队员	宫川数马	普通队员	古川小二郎
普通队员	岩崎一郎	普通队员	上坂幸太郎
普通队员	松本喜三郎	普通队员	小林峰三郎
普通队员	中条常八郎		

（□标记处文字不详）

※

以下为前往江户之队员名单。

队长	近藤勇	副长	土方岁三
副长助勤	冲田总司	副长助勤	永仓新八
副长助勤	原田左之助	副长助勤	尾形俊太郎
副长助勤	斋藤一	浪士调役	大石锹次郎
浪士调役	川村隼人	会计	岸岛由太郎(也写作“岸岛芳太郎”,难以判断本名为何)
会计	矢内贤之助	会计	中村玄道
会计	大谷勇雄	会计	安富才辅
会计	神崎一二三	伍长	岛田魁
伍长	林信太郎	伍长	小原幸造
伍长	近藤芳祐	伍长	志村武藏
伍长	久米部正亲	伍长	尾关政一郎
伍长	前野五郎	伍长	中村小三郎
普通队员	西冈万助	普通队员	野村利三郎

续表

普通队员	相马主计	普通队员	蚁通勘吾
普通队员	田村一郎	普通队员	富永政之助
普通队员	山野八十八	普通队员	玉置伊之助
普通队员	土方幸太郎	普通队员	岩崎一郎
普通队员	松原□太郎	普通队员	松本喜三郎
普通队员	中条常八郎	普通队员	梅户胜之进
普通队员	沼尻小文吾	普通队员	加贺爪胜太郎
普通队员	佐久间健助	普通队员	荒木信太郎
普通队员	小幡三郎	普通队员	三品二郎

（□标记处文字不详）

庆应四年三月一日，新选组赴甲州地区，设本营于鹤濑宿，与关东镇抚总督岩仓大纳言作战，其后撤退至东京新桥医学所。以上人员大多未经合议即告解散。

※

（编者按：以下人员散见于遗稿诸记录之中，但与队员总名单对照之后仍有遗漏、不明之处。权记录在此，以供参考。）

水户浪士	脱队	糟谷俊五郎
大坂浪士	战死	矢田贤助
御府内浪士	战死	宫川信吉
御府内浪士	于淀堤战死	真田肾之助
大坂浪士		尾关政一郎
御府内浪士		内海二郎
	战死	山崎烝
	战死	和田十郎
	战死	宫川数马
	战死	木下严

【文库版解说】七十五岁的永仓新八，以此书作为自己最后的战斗

新选组在幕末的最前线一直战斗到了最后。虽非本意，但他们毕竟还是被打上了“叛军”的烙印。明治维新后，永仓新八就是在“为何新选组会成为背叛朝廷之人”的自问中度过了自己漫长的余生。我们如今已经很难推想，对他来说，“叛军”这个标签该有多么沉重。但在他不断重复的自问自省之中，洗掉这一污名已经成为余下生命的全部意义。

新八之孙杉村逸郎（我的伯父）已经故去了。不过他曾经与晚年的新八一起生活。伯父生前接受过目前居住在札幌的幕末明治史研究家好川之范的采访，留下了一卷录音带。

好川之范问伯父：“新八没有谈起过池田屋事件吗？”

逸郎这样回答："也不会有人会对自己只有七八岁的孙子聊起这种事吧。他从没和我谈过池田屋事变。我想他应该也没对自己的女儿讲过。"

他微微露出了不悦之色，否认了这件事。实际上，我们也可以把他的话视为一则史料。即便已经过去了半个世纪，家人们也不会以他曾在幕末杀了很多人这件事而自豪。所以这种话题在新八的家人之中近似禁忌。

逸郎还谈到新八的交际关系："在小樽，没有能像朋友一样同他聊天的人。不过像当时的消防队队长这一类的人，有些对新选组有兴趣，常常会来拜访他。他在小樽是没有朋友的。"

我在写作《新选组永仓新八外传》（新人物往来社）的时候也意外地发现很难弄清楚新八在小樽时期的动向。在小樽，看上去像是他朋友的，只有消防队队长大畑五郎治和僧侣初山祖道两人。

关于新选组，永仓新八对家人和朋友只是片段式地讲过一些不痛不痒的事情。不过他渐渐觉得，应该在有生之年尽可能地把记忆中的新选组讲述出来。他等待着这样的机会，同时也逐渐老去。渐渐地，他已经年逾古稀了。我想，他当时应该是相当郁郁不乐的。

后来，到了大正二年（一九一三）的三月。

新八接受了《小樽新闻》社会部记者加藤眠柳和吉

岛力的采访，于是，他倾诉内心信念的连载《永仓新八——昔日为近藤勇之友，如今是小樽隐居人》开始了。这时的永仓新八已经七十五岁了。他觉得，即便从年龄上考虑，这次连载应该也是自己能抓住的最后机会。实际上，连载结束一年半以后，他便走完了自己的一生。这次在《小樽新闻》上的连载就是《新选组始末记》的雏形。

当时，永仓新八住在小樽区役所（即现在小樽市役所的位置）南邻，位于小樽区联合卫生组合事务所的一角（事务所是一栋木造西式建筑，风格似乎与原新选组队员不太相符）。踏入玄关之后就是一个走廊，走廊两侧就是事务所，而尽头处就是永仓的房间（顺带一说，永仓死后，葬礼会场便设在二楼的会议室）。

新八正是蜗居在这个房间里，尽力挖掘自己关于新选组的记忆，把自己的亲身经历写下来，还配了一些简图作为补充解释。他几乎每天都要和来访的记者热络地交流。对于新八来说，这俨然成了一场严肃而认真的竞赛，可以说，在这场最后的战斗中，他只是把手中的剑换成了笔而已。

逸郎说："新八的卧室大约有六叠大小，里面有一张应该是过去小学生使用过的一闲张①的桌子。他就用磨秃的笔在传单的背面写字。""传单背面""磨秃的笔"这些

① 日本的一种传统纸漆工艺。

用具确实带有新八的风格。

新八也把他对家人绝口不提的池田屋事件毫无保留地讲了出来。

例如在这场战斗中，永仓讲述了他们喊着“上半身!”“手臂!”“岂如你愿?”互相斩击的场面，还描述了“更加令人不忍直视的是地上散落的那些断掉的手脚，还有带着头发的头皮，这些都是厮杀时被砍下来的”种种惨状。这些都是只有当事者才能讲出的现场纪实。

类似这种真实的场面描写在《新选组始末记》之中比比皆是，这也让它成为一部读来颇为耐人寻味的书。

昭和二年（一九二七），永仓新八去世十三周年时，《小樽新闻》连载的部分内容被修订整理为私人书籍，印制了三百本送给有关人士。后来，新人物往来社出版了《新选组始末记》，这次又以文库本的形式重印该书（新八想必也会很惊讶吧)。

话虽如此，今天的读者也会问：“这部书的生命力源于何处呢?”当然，这个问题应该由身为永仓新八后代的我来回答。虽然我认为，在我们现在的时代，这个问题已经难以回答了，但这仍然是一本必读之书，那种“七十五岁的执着信念”的力量，一定能够将读者们征服。

杉村悦郎（永仓新八曾孙）

结语　新选组队员们的“始末”

在昭和二年（一九二七）永仓新八逝世十三周年之际，《新选组永仓新八》一书被分送给了相关的一些亲朋好友。山川健次郎给这本书写了序言。山川的祖上是会津藩的家老，他自己则担任过东京帝国大学的校长。

“文久、庆应时期，新选组受幕府之命，在当时的京都守护参议、左近卫权中将松平容保麾下维持、保障京都的秩序和安宁，成为幕府的肱股之臣。最初，在芹泽鸭担任队长的时候，新选组的纪律并不十分严明，曾经做出一些暴行。后来近藤勇担任了队长。自新选组归于京都守护麾下之后，身为队长的近藤勇充分地意识到自己肩上的责任，着手整肃队中纪律，让新选组成为依京都守护命令而行事的合法的警察队伍。也正因为这样，在新选组监管之下的当时那些号称‘有志之士’的过激派浪人同他们有着不共戴天之仇。明治维新以后，这些浪人以及一些同他们有相同诉求的人掌握了政权，将新选组的合法行动称为犯罪。这无异于公报私仇。近藤勇称得上犯罪的行为只有在甲州胜沼的战斗和在关东一带的备战行为而已。尽管如此，在近藤被斩首后，他的首级仍被送到京都示众，他在京都的合法行动也统统被打上犯罪行为的标签。这正是公报私仇的体现。这些人对新选组口诛笔伐、倍加嘲讽，把新选组说成一个私自成立的暴力集团。而世人被他们蒙蔽，乃至小说和评话都把新选组视作暴力集团。我一直为没有人为这一冤屈平反而感到遗憾。我想，这部书应该能为新选组的昭雪尽一份力，于是将自己的感想写下来，作为它的序言。”这篇序言申明了作者的新选组拥护论，表达了对重新审视失败者历史的希望。

一些队员历经了新选组的荣耀和挫折时期，一直活到最后。以永仓新八为代表，岛田魁、前野五郎、中岛登、斋藤一、尾形俊太郎、市村铁之助等人的晚年生活绝对称不上精彩。

永仓最为信任的人就是岛田魁。在箱馆战争中投降后，明治六年（一八七三），岛田魁从青森被押送到了名古屋。在被看守期间，他专心整理编纂了《岛田魁日记》《新选组名簿》等资料。后来他到京都经营一家杂货店，以失败告终。明治九年，他到京都下京区大宫丹波口开设了一家剑术道场，但未能招收到弟子，生活极其困窘。听过岛田之名的榎本武扬要在新政府任职，传话给岛田让他来自己的住处。岛田拒绝道：要是想见面的话就让他自己过来。像榎本这种原先是幕臣、后来成为新政府官员的人，都被岛田轻蔑地视作身事二君的叛臣。据说，岛田曾对友人吐露心声："那些年纪轻轻就死掉的、如今长眠于地下的同志又会做何抉择呢?"明治十九年，他到新选组驻地旧址所在的西本愿寺担任夜间警备员，每天与朋友一同吟咏和歌、为亡人祈祷冥福。明治三十三年二月二十七日以后，他由于身体状况恶化而休假。在临近春分的三月二十日，岛田在西本愿寺寺内离世，享年七十三岁。

岛田的葬礼在西本愿寺举行。接到讣报的永仓新八在长子义太郎的陪同下特地从北海道小樽赶到京都吊丧。当时，箱馆新选组四分队队员山崎林五郎（林新次郎）也参加了岛田的葬礼。山崎林五郎的姓名同副长助勤山崎烝之父的名字很像，有可能与山崎烝是兄弟关系。据说，参加岛田葬礼的还包括岛田的剑术弟子、亲朋等，约有上千人。

前野五郎曾与永仓一同参加靖兵队，转战东北各地。会津战争后，他向萨摩军投降。在那里，他遇到了曾任新选组伍长、同高台寺党一起脱离组织、之后加入萨摩军的加纳雕雄。通过加纳的周旋，他归于萨摩军麾下。明治时期，前野渡海前往北海道，结识了自己的同乡、立志开发北海道的新政府开拓官冈本监辅。明治三年，前野成为冈本的部下，担任桦太开拓使的随从。不到一年，他辞去官职，到札幌的薄野经营一家风俗店。随着声望渐隆，他又成为北海道一家制麻公司的股东，在函馆拥有很多土地，成为榜上有名的富豪。明治二十四年，冈本设立由民间人士组成的开发集团“千岛议会”，前野投入私人财产支援冈本，设立了“千岛救济会”。次年四月十九日，前野在考察千岛的返程途中，在择捉岛的丸太桥失足跌落，导致佩枪走火，不幸身亡。但据永仓所说，前野是在千岛被人杀害的。前野终年四十八岁，葬于札幌市里塚陵园。

中岛登在箱馆战争中投降后被看守在青森莲华寺内。这期间，他写下了共三十三页的《中岛登觉书》。在弁天台场，他又整理了画集《战友姿绘》。在这本画集中，中岛以轻妙的笔触画出了近藤、土方等二十七人奋战的场面。他为画集写下序文：“时易世变，身陷囹圄，积郁而作。兼追怀告慰战死之同志。”

被赦免之后，中岛一度在静冈原野从事开垦，后听说住在滨松的旧识、彰义队队员大岛清慎从事为人代笔的工作颇为成功，便拜托大岛帮忙，开始在滨松经营一家当铺，但以失败告终。

中岛曾写下三条家训："食不言；不得参加围棋、将棋等一切含有赌博性质的活动；三代之内不得从事典当、贷款行业。"

后来他又尝试种植香菇和兰花，也失败了。明治十七年，多亏担任静冈县大书记官的彦根藩藩士石黑务的知遇之恩，中岛获得了贩卖枪炮火药的许可，经营起"中岛枪炮店"，终于成功。明治二十年四月二日，中岛病死，终年五十岁。

斋藤一接替负伤的土方岁三指挥新选组参加了会津战争，战败后投降。他以斗南藩藩士的身份在下北半岛过了一段时间后，于明治五年改名藤田五郎，进入警视局工作。其后斋藤的具体工作业绩不明，但在近年发现的旧文献中，明治八年十二月警视厅第六方面第二署（江户川区小松川署）设立时，出现了他的本名斋藤一。时任署长是永田盛庸，下辖一百七十四名署员，斋藤的职务为"书记兼户籍审查"。但警视厅并无此职务，所以可以确定，他所从事的是近似于警视厅辖外的公安系统的工作。因此，该署中并没有他的工作业绩。这份公文书的持有者是萨摩藩藩士真方曹辅，禁门之变时，他与斋藤同属幕府军，曾并肩战斗。会津战争后，真方在警察系统的创设者、萨摩藩藩士川路利良的推荐下进入警视厅工作，斋藤想必也是由于真方的关系而进入警视厅的吧。后来真方接替斋藤，也成为警视厅第六方面第二署的署员。

当时，伊藤博文强烈要求川路设置谍报员（公安）。据说，此时选拔出来的成员包括出身萨摩的室田景辰、出身熊本的古闲胆次以及斋藤等人。室田是斋藤的上司，明治七年佐贺之乱时，室田曾受命前去从事谍报活动，斋藤有与他同行的可能。西南战争时，斋藤从属于警察别动队第三旅团拔刀队，还在战斗中受了枪伤。

明治十九年二月十日，斋藤得到外务大臣井上馨将在鹿鸣馆的晚宴上遭到袭击的情报。他与在警视厅中负责剑术的得能关四郎一起拿着警棍在外警戒。据说有暴徒试图闯入会场，但被得能用警棍漂亮地击退了。从警视厅离职后，斋藤到东京高等师范学校附属的东京教育博物馆担任警卫，后又在东京女子高等师范学校担任过杂勤、会计等职。大正四年（一九一五）九月二十八日，斋藤病死，享年七十二岁。

尾形俊太郎在新选组中曾经担任副长助勤、文学师范等要职。会津战争后，他去向不明。但近年来，尾形的后代发现了他的过去帐[①]和遗物，并将其中一部分寄给了灵

① 记录亡者生平等情况的文件。

山历史馆。根据这些东西，我们得以确认尾形生于天保十年（一八三九）四月二十六日，其父为三嶋源弥，其母生于熊本。三嶋的家庭颇为富裕。

清河八郎游说熊本之时，尾形被清河的勤王思想感化，因而加入新选组。他自己在履历书中写道："尾形俊太郎，文久三年戊亥六月，在京师奉德川征夷将军家之御命，应召成为壬生浪士，兼任文艺教导，唯有鞠躬尽瘁而已。得以入选，诚为难得之幸事。立志不再回归故国(熊本)。"虽然当时他决心不再回到家乡，但在会津战争之后，可能是由于思念留在家乡的亲人，尾形还是决定回到熊本。

明治二年五月，尾形与林次郎的长女辰结婚。明治十二年，他继承了父亲的家督之位，改名三嶋俊太郎。俊太郎夫妇没有孩子，于是将山中寅熊过继为养子。俊太郎住在岳间村，以在私塾中教授汉诗文为生。

尾形曾咏诗曰："人来人往皆是惑，难退难进诚可哀。"① 还留下了其他数篇汉诗文，但他从未提及新选组之事。大正二年六月十三日，尾形病逝，享年七十五岁。

土方岁三战死的两个月后，一个衣衫褴褛的少年造访

---

① 一人来て一人帰るも迷なり、来るも去らぬも憐れなり。

日野的佐藤彦五郎宅邸。他的名字叫市村铁之助，是土方的近侍。他把土方的遗发和辞世诗，以及那张有名的照片带了过来。市村是美浓大垣藩藩士市村半右卫门的第三子，于庆应三年（一八六七）六月前后加入新选组。他的身份是两长侍者，并不算正式队员。顺带一提，他的哥哥辰之助是近藤的近侍。箱馆战争时他们离开了战场，明治五年之前一直在佐藤家做食客。明治六年十一月十六日，市村在回乡途中病死，行年二十岁。

明治六年十月十七日，近藤勇去世七周年的法事在多摩举行，有一百九十九名相关人员参加。次年，新政府解除禁制，允许为旧幕府兵举行追悼仪式和建立墓碑。以此为契机，永仓在板桥附近为近藤、土方立起了功绩碑，为洗掉他们的污名而四处奔走。明治九年，以小岛鹿之助为中心的一些人又开始策划建立“殉节两雄之碑”。碑上文字由日光东照宫宫司松平容保挥毫写就，在明治二十一年最终落成。

新选组在“武士的时代”终结之时，绽放过一瞬的光芒。即便时移世迁，他们内心之中那些关于新选组时代的记忆和骄傲也会一直留存下去。

图书在版编目（CIP）数据

最后的武士：新选组始末记／（日）永仓新八，（日）木村幸比古著；信誉译．-- 北京：社会科学文献出版社，2020.6
ISBN 978 -7 -5201 -6417 -7

Ⅰ.①最…　Ⅱ.①永…②木…③信…　Ⅲ.①武士-历史-日本　Ⅳ.①K313.03

中国版本图书馆 CIP 数据核字（2020）第 041451 号

最后的武士
——新选组始末记

著　　者／［日］永仓新八　［日］木村幸比古
译　　者／信　誉

出 版 人／谢寿光
组稿编辑／沈　艺　董风云
责任编辑／沈　艺

出　　版／社会科学文献出版社·甲骨文工作室（分社）（010）59366527
地址：北京市北三环中路甲 29 号院华龙大厦　邮编：100029
网址：www.ssap.com.cn
发　　行／市场营销中心（010）59367081　59367083
印　　装／北京盛通印刷股份有限公司

规　　格／开　本：889mm×1194mm　1/32
印　张：8.125　字　数：148 千字
版　　次／2020 年 6 月第 1 版　2020 年 6 月第 1 次印刷
书　　号／ISBN 978 -7 -5201 -6417 -7
著作权合同登记号／图字 01 -2019 -2687 号
定　　价／52.00 元